Ernst Toller

*Masse-Mensch.*

# Masse Mensch

*(Masses and Man).*

Ein Stück aus der sozialen Revolution
des 20. Jahrhunderts

*/ fragment*

D1149939

Nachwort von
Rosemarie Altenhofer

Philipp Reclam jun. Stuttgart

Universal-Bibliothek Nr. 9944
Alle Rechte vorbehalten. © für diese Ausgabe 1979 Philipp Reclam jun.,
Stuttgart. Mit freundlicher Genehmigung des Carl Hanser Verlags, München.
© 1978 by Sidney Kaufmann. Die Aufführungsrechte liegen bei Gustav
Kiepenheuer Bühnenvertriebs-GmbH, 1000 Berlin 33
Gesamtherstellung: Reclam, Ditzingen. Printed in Germany 1981
ISBN 3-15-009944-7

*transcription*

Die erste Niederschrift entstand im Oktober 1919,
im ersten Jahr der deutschen Revolution.
Festungsgefängnis Niederschönenfeld.

*bearer* Weltrevolution.
Gebärerin des neuen Schwingens.
Gebärerin der neuen Völkerkreise.
Rot leuchtet das Jahrhundert
Blutige Schuldfanale. *signal*
Die Erde kreuzigt sich.
*crucify.*

Den Proletariern

# Spieler

ARBEITER
ARBEITERINNEN
DER NAMENLOSE
OFFIZIER
PRIESTER
MANN (DER BEAMTE)
SONJA IRENE L., EINE FRAU

# Gestalten der Traumbilder

SONJA IRENE L., EINE FRAU
DER BEGLEITER

BANKIERS
DER BEAMTE
WACHEN
GEFANGENE
SCHATTEN

(Das dritte, fünfte und siebente Bild in visionärer Traumferne)

# Erstes Bild

*Hinterzimmer einer Arbeiterschenke.*
*An getünchten Wänden Kriegervereinsbilder und Porträts*
*von Heroen der Masse. In der Mitte ein klotziger Tisch,*
*um den eine Frau und die Arbeiter sitzen.*

ERSTER ARBEITER  Flugblätter sind verteilt,
Im großen Saal Zusammenkunft. –
Frühzeitig schließen morgen die Fabriken.
Die Massen gären.
Morgen wird Entscheidung.
Bist du bereit, Genossin?

DIE FRAU  Ich bins.
Mit jedem Atem wächst mir Kraft –
Wie sehnt ich diese Stunde,
Da Herzblut Wort und Wort zur Tat wird.
Lähmung befiel mich oft – zusammen krallt ich
Meine Hände vor Zorn und Scham und Qual.
Gröhlen die verruchten Blätter Sieg –
Packen Millionen Fäuste mich . . .
Und gellen: Du bist schuldig, daß wir sterben!
Ja, jedes Pferd, deß Flanken zitternd schäumen,
Klagt stumm mich an – klagt an. –
Daß morgen ich Fanfare jüngsten Tages gellte,
Da mein Gewissen brandet in den Saal –
Bin *ich* es noch, die Streik verkünden wird?
Mensch ruft Streik, Natur ruft Streik!
Mir ists, als bellts der Hund, der an mir aufspringt,
Betrete ich mein Haus . . .
Als gischtet Streik der Strom!
Mein Wissen ist so stark. Die Massen
Auferstanden frei vom Paragraphenband
Der feisten Herrn am grünen Tisch,
Armeen der Menschheit werden sie mit wuchtender
                                            Gebärde

Das Friedenswerk zum unsichtbaren Dome türmen.
Die rote Fahne, ... Fahne des Anbruchs,
Wer trägt sie voran?

ZWEITER ARBEITER     Du! Dir folgen sie.
*(Stille flackert.)*

DIE FRAU     Daß nur die Mittler schweigen!
Du glaubst, die Polizei ist ohne Kunde? *neos*
Wenn Militär den Saal mit Ketten fesselt?

ERSTER ARBEITER
Die Polizei ist ohne Kunde. Und wenn sies weiß,
So weiß sie nicht den wahren Zweck. –
Umfängt die Massen erst der Saal,
Sind sie gewaltige Flut, die keine Polizei
Zu Parkfontänen ruhig plätschernd formt.
Und dann: die Polizei wagt nicht mehr vollen Einsatz,
Zersetzung fraß den Rausch des Machtgefühls
Die Regimenter aber stehn zu uns –
Soldatenräte überall!
Morgen wird Entscheidung, Genossin.
*(Es klopft.)*

ERSTER ARBEITER     Verraten!

ZWEITER ARBEITER     Sie dürfen dich nicht fangen.

ERSTER ARBEITER     Nur eine Tür.

ZWEITER ARBEITER     Durchs Fenster!

ERSTER ARBEITER     Das Fenster stürzt in einen Lichtschacht.

DIE FRAU     So nah dem Kampf ...
*(Es klopft stärker. Die Tür öffnet sich. Der Mann, Mantelkragen hoch aufgeschlagen, kommt hinein, blickt sich schnell um, hebt den Hut aus steifem Filz.)* *felt*

DIE FRAU     Ein ... Freund und nichts zu fürchten ...
Du kommst zu mir,
Du findest mich.

DER MANN     Ich wünsche guten Abend.
*(Leise.)*
Ich bitte mich nicht vorzustellen.
Kann ich dich sprechen?

DIE FRAU     Genossen ...

DIE ARBEITER  Gute Nacht.
  Auf Morgen.
DIE FRAU  Gute Nacht, auf Morgen.
DER MANN  Klar wird dir sein,
  Ich komm nicht her als Helfer.
DIE FRAU  Verzeih den Traum der blühenden Sekunden.
DER MANN  Bedrohte Ehre zwang den Schritt hierher.
DIE FRAU  Bin ich der Anlaß? Seltsam.
  Ists Ehre bürgerlichen Standes?
  Ward abgestimmt? Droht Mehrheit
  Dich aus ihren Reihen auszuschließen?
DER MANN  Ich bitte, laß das Scherzen.
  Die Rücksichtnahme, die dir fremd, ist mir Gebot.
  Für mich besteht die sachlich strenge Ehrensatzung ...
DIE FRAU  Die euch zu Formeln prägt.
DER MANN  Die Unterordnung, Selbstzucht heischt ...
  Du nimmst nicht teil an meinen Worten ...
DIE FRAU  Ich sehe deine Augen.
DER MANN  Verwirr mich nicht.
DIE FRAU  Du ... du ...
DER MANN  Um kurz zu sein,
  Ich setze Riegel vor dein Wirken.
DIE FRAU  Du ...
DER MANN  Drang nach sozialer Tätigkeit
  Kann auch Befriedigung in unserm Kreise finden.
  Ich nenne: Heim unehelich geborner Kinder.
  Gedanke liegt dem Arbeitsfeld zugrunde,
  Der Zeuge ist für die Kultur, von dir verspottet.
  Selbst deine sogenannten Arbeitergenossen
  Verachten Mütter ohne Ehe.
DIE FRAU  Nur weiter ... weiter ...
DER MANN  Du bist nicht frei in deinem Handeln.
DIE FRAU  Ich bin frei ...
DER MANN
  Annehmen darf ich ein gewisses Maß von Rücksicht,
  Wenn nicht von deiner Einsicht, so von deinem Takt.
DIE FRAU  Ich kenne Rücksicht nur aufs Werk,

Dem diene ich, dem, hörst du, muß ich dienen.

DER MANN   Zergliedern will ich:
    Wunsch nach äußerer Tätigkeit bestimmt dein Tun –
    Wunsch, geboren aus verschiedenen Motiven.
    Es liegt mir der Gedanke fern,
    Daß diese Wünsche unedler Natur.

DIE FRAU   Wie du mir wehe tust mit jedem Wort ...
    Kennst du die Bilder der Madonnen
    In bäuerlichen Häusern?
    Durchbohrt von Schwertern blutet Herz in dunklen
                        Tränen.
    Ihr häßlichen, ihr rührend frommen Drucke ...
    So einfältig und groß ...
    Du ... Du ...
    Sprachst du von Wünschen?
    Ich weiß ... Schlucht gräbt sich zwischen uns ...
    Nicht Wunsch hat mein Geschick gewendet,
    Not wars ... Not aus Menschsein,
    Not aus meiner tiefsten Fülle.
    Not wendet, höre, Not wendet!
    Nicht Laune, Spiel der Langeweile,
    Not aus Menschsein wendet.

DER MANN   Not? Hast du ein Recht
    Von Not zu sprechen?

DIE FRAU   Mann ... du ... laß mich ...
    Nun halt ich deinen Kopf ...
    Nun küß ich deine Augen ...
    Du ...
    Sprich nicht weiter ...

DER MANN   Fern liegt mir dich zu quälen ...
    Der Ort ... Man kann uns nicht belauschen?

DIE FRAU   Und hört uns ein Genosse,
    Sie haben Taktgefühl auch ohne Ehrensatzung.
    Oh, wenn du sie verstündest, Hauch nur spürtest ihrer
                        Not.
    Not ... die unsre ist ... sein muß!
    Erniedrigt habt ihr sie ...

Erniedrigend euch selbst geschändet,
Zu eignen Henkern wurdet ihr . . .
Sperr das Mitleid deiner Augen!
Ich bin nicht nervenkrank,
Bin nicht sentimental.
Weil ichs nicht bin, gehöre ich zu ihnen.
O eure jämmerlichen Stunden für soziales Tun bestimmt,
Beschwichtigung aus Eitelkeit und Schwäche.
Kameraden sind, die schämen sich für euch,
Wenn sie nicht . . . hell auflachen . . .
Siehst du, wie ich jetzt lache.

DER MANN　So magst du alle Wahrheit wissen.
Man weiß . . . Behörde weiß von dir.
Ich leistete den Staatseid . . . Frau.
Der Referent für Personalia ist unterrichtet,
Fortkommen im Beruf wär ausgeschlossen.

DIE FRAU　Und . . .?

DER MANN　Ich sag dir rücksichtslos,
Ich zieh die Konsequenzen,
Die . . . sei versichert,
Auch mein Gefühl berühren würden . . .
Zumal du neben dem Beruf des Gatten
Das Staatswohl schädigst . . .
Du unterstützt den innren Feind.
Damit ist Scheidungs-Tatbestand gegeben.

DIE FRAU　Dann freilich . . . wenn ich dich schädige,
Dir im Wege hemmend stehe . . .

DER MANN　Noch wäre Zeit.

DIE FRAU　Dann freilich . . .
Dann . . . bin ich bereit . . .
Ich trag die Schuld . . .
Hab keine Angst, Prozeß wird dich nicht schädigen
Du . . .
Du . . . meine Arme weiten sich dir
In großer Not.
Du, mein Blut blüht dir . . .
Sieh, ich werde welkes Blatt ohne dich.

Du bist der Tau, der mich entfaltet.
Du bist der Sturm, deß märzne Kraft
Brandfackeln wirft in dürstendes Geäder ...
Nächte waren, Rufe schwellender Knaben,
Die sich bäumen in ihres Blutes Reife ...
Trag mich fort, in Wiesen, Park, Alleen,
Demütig will ich deine Augen küssen ...
Ich glaube, ich werde schwach sein
Ohne dich ... grenzenlos ...
Verzeih, ich wars nur eben.
Ich sehe klar die Lage, gerechtfertigt dein Tun.
Denn siehe, morgen steh ich vor den Massen –
Morgen spreche ich zu ihnen.
Morgen werde ich dem Staat, dem Eid du schwurst
Die Maske von der Mörderfratze reißen ...

DER MANN    Dein Tun ist Staatsverrat!

DIE FRAU    Dein Staat führt Krieg,
Dein Staat verrät das Volk!
Dein Staat ausbeutet, drückt, bedrückt,
Entrechtet Volk.

DER MANN    Staat ist heilig ... Krieg sichert Leben ihm.
Friede ist Phantom von Nervenschwachen.
Krieg ist nichts als unterbrochner Waffenstillstand,
In dem der Staat, bedroht vom äußren Feind,
Bedroht vom innren Feind, beständig lebt.

DIE FRAU
Wie kann ein Leib von Pest und Brand zerfressen leben?
Sahst du den nackten Leib des Staates?
Sahst du die Würmer daran fressen?
Sahst du die Börsen, die sich mästen
Mit Menschenleibern?
Du sahst ihn nicht ... ich weiß du schwurst dem Staate
Eid.
Tust deine Pflicht und dein Gewissen ist beruhigt.

DER MANN    Bedeutet der Entscheid dein letztes Wort?

DIE FRAU    Bedeutet letztes Wort.

DER MANN    Gute Nacht!

DIE FRAU  Gute Nacht.
*(Da der Mann gehen will.)*
DIE FRAU  Ich darf mit dir gehen?
Zum letzten Male heut ...
Oder bin ich schamlos?
Oder bin ich schamlos ...
Schamlos in meinem Blut ...
*(Frau folgt dem Mann.)*

*(Die Bühne verdunkelt sich.)*


## Zweites Bild

*(Traumbild)*

*Angedeutet: Saal der Effektenbörse. Am Pult Schreiber, um ihn Bankiers und Makler. Schreiber: Antlitz des Mannes.*

SCHREIBER  Ich notiere.
ERSTER BANKIER  Waffenwerke
350.
ZWEITER BANKIER  Ich überbiete
400.
DRITTER BANKIER  400
Biete an.
*(Der vierte Bankier zerrt den dritten nach vorn. Im Hintergrund Gemurmel der Bietenden und Verkaufenden.)*
VIERTER BANKIER ZUM DRITTEN  Gehört?
Rückzug
Notwendig.
Große Offensive
Wird mißlingen.
DRITTER BANKIER  Reserven?
VIERTER BANKIER  Menschenmaterial
Wird schlecht.

DRITTER BANKIER    Ernährung ungenügend?
VIERTER BANKIER    Auch das.
  Obwohl
  Professor Ude
  Meint,
  Daß Roggen,
  Nach Prozentsatz 95
  Ausgemahlen,
  Schlemmernahrung
  Ist.
DRITTER BANKIER    Die Führung?
VIERTER BANKIER    Ausgezeichnet.
DRTTER BANKIER    Nicht Alkohol genug?
VIERTER BANKIER    Die Schnapsfabriken
  Brennen
  Unter Hochdruck.
DRITTER BANKIER    Was fehlt?
VIERTER BANKIER    Der General
  Hat 93 Professoren
  Ins Hauptquartier berufen.
  Auch unsre Koriphäe
  Geheimrat Gluber.
  Man munkelt Resultate.    *whispers, rumour*
DRITTER BANKIER    Die sind?
VIERTER BANKIER    In bürgerlichen Sphären
  Zu verhüllen.
DRITTER BANKIER    Schwächt Männerliebe
  Die Soldaten?
VIERTER BANKIER    Merkwürdig nein.
  Mann haßt Mann.
  Es fehlt.
DRITTER BANKIER    Es fehlt? ...
VIERTER BANKIER    Mechanik
  Alles Lebens
  Wurde offenbart.
DRITTER BANKIER    Es fehlt?
VIERTER BANKIER    Masse braucht Lust.

DRITTER BANKIER  Es fehlt? . . .
VIERTER BANKIER  Die Liebe.
DRITTER BANKIER  Das genügt!
  So ist der Krieg
  Als unser Instrument,
  Das mächtige gewaltge Instrument,
  Das Könige und Staaten,
  Minister, Parlamente,
  Presse, Kirchen
  Tanzen läßt,
  Tanz über Erdball,
  Tanz über Meere,
  Verloren?
  Sprechen Sie: Verloren?
  Ist das Bilanz?
VIERTER BANKIER  Sie kalkulieren schlecht.
  Die Fehlerquelle ist erkannt.
  Wird ausgeglichen. *well-balanced*
DRITTER BANKIER  Wodurch?
VIERTER BANKIER  Auf internationalem Weg.
DRITTER BANKIER  Ist das bekannt?
VIERTER BANKIER  Im Gegenteil.
  Wird vaterländisch echt frisiert
  Und unabhängig
  Von Valuta.
DRITTER BANKIER  Auch gut fundiert?
VIERTER BANKIER  Konzern der größten Banken
  Leitet Unternehmen.
DRITTER BANKIER  Der Profit?
  Die Dividende?
VIERTER BANKIER  Wird regelmäßig ausgeschüttet.
DRITTER BANKIER  Die Form des Unternehmens gut.
  Doch Inhalt?
VIERTER BANKIER  Die Maske heißt Erholungsheim
  Zur Siegeswillenstärkung.
  Der Inhalt:
  Staatliches Bordell.

DRITTER BANKIER    Grandios!
  Ich zeichne 100 000.
  Noch eine Frage,
  Wer ordnet die Dynamik?
VIERTER BANKIER    Erfahrene Generäle,
  Beste Kenner
  Erprobten Reglements.
DRITTER BANKIER    Der Plan
  Entworfen?
VIERTER BANKIER    Nach Reglement,
  Wie ich schon sagte.
  Drei Preise.
  Drei Kategorien.
  Bordell für Offiziere:
  Aufenthalt die Nacht.
  Bordell für Korporäle:
  Eine Stunde.
  Mannschaftsbordell:
  15 Minuten.
DRITTER BANKIER    Ich danke.
  Wann wird der Markt eröffnet?
VIERTER BANKIER    Jeden Augenblick.
  *(Im Hintergrund Lärm.*
  *Dritter und vierter Bankier nach hinten.)*
DER SCHREIBER    Zugelassen neu:
  Die nationale Aktie *stock, share*
  Kriegserholungsheim *rest home*
  A.G.
ERSTER BANKIER    Ich habe keinen Auftrag. *commission*
ZWEITER BANKIER    Die Dividende lockt mich nicht.
DRITTER BANKIER    Ich zeichne 100 000
  Nennwert. *nominal value*
SCHREIBER    Ich notiere.
VIERTER BANKIER    Die gleiche Anzahl. *number*
DER ERSTE ZUM ZWEITEN BANKIER    Der Kühle zeichnet ...
  Was meinen Sie? ...
ZWEITER BANKIER    Soeben Telegramm:

Die Schlacht im Westen
Verloren ...
ERSTER BANKIER Meine Herren!
Die Schlacht im Westen ist verloren!
(*Rufe, Geschrei, Kreischen.*)
STIMMEN Verloren!
STIMME Waffenwerke
Biete an
Zu 150.
STIMME Flammenwerfer Trust
Ich biete an.
STIMME Kriegsgebetbuch m.b.H.
Ich biete an.
STIMME Giftgaswerke
Biete an.
STIMME Kriegsanleihe *loan*
Biete an.
DRITTER BANKIER Ich zeichne nochmals
100 000.
STIMME Hoho ...
Bei dieser Baisse? ...
STIMME Wer sagte, daß die Schlacht verloren?
STIMME Ist wahr die Nachricht?
Oder Börsencoup?
Der Kühle *coolness*
Zeichnet Zweimalhunderttausend.
ZWEITER BANKIER Schiebung! *profiteering*
Ich kaufe.
150.
STIMME Ich überbiete. *outbid*
200.
STIMME Ich kaufe.
300.
STIMME Wer bietet an?
400.
Ich kaufe.
SCHREIBER Ich notiere.

VIERTER ZUM DRITTEN BANKIER   Der Fuchs errät ...

DRITTER BANKIER   Verzeihen Sie die Frage.
  Unser stärkstes Instrument
  Gerettet?

VIERTER BANKIER   Wie können Sie nur zweifeln?
  Mechanik alles Lebens
  Ist so einfach –
  Ein Leck war da ...
  Es ist entdeckt
  Und schnell verstopft.
  Die Baisse
  Oder Hausse heute
  Ist nebensächlich.
  Das Wesentliche:
  Mechanisches Gesetz stabil.
  Die Folge:
  Das System gerettet.

SCHREIBER   Ich notiere.
  *(Der Begleiter tritt ein. Sein Gesicht: ein Verwobensein*
  *von Zügen des Todes und Zügen angespanntesten Lebens.*
  *Er führt die Frau.)*

DER BEGLEITER   Meine Herrn,
  Sie notieren zu voreilig.
  Blut und System!
  Mensch und System!
  Der Satz ist brüchig.
  Ein Fußtritt,
  Und die Mechanik
  Ist zerbrochnes
  Kinderspielzeug.
  Achtung!
  *(Zur Frau.)*
  Sprich Du!

DIE FRAU   *(leise)*. Meine Herren:
  Menschen.
  Ich wiederhole:
  Menschen!

*(Die Begleiter und die Frau verblassen. Jähe Stille.)*

DRITTER BANKIER  Hörten Sie?

Ein Grubenunglück,

Scheints.

Menschen in Not.

VIERTER BANKIER  Ich schlage vor:

Wohltätigkeitsfest.  *charity*

Tanz

Ums Börsenpult.  *desk*

Tanz

Gegen Not.

Erlös

Den Armen.

Wenns gefällig ist,

Ein Tänzchen,

Meine Herrn.

Ich spende:

Eine Aktie

Kriegserholungsheim

A. G.

STIMME  Doch Weiber?

VIERTER BANKIER  Soviel

Sie wollen.

Man befehle

Dem Portier:

Fünfhundert

Raffinierte Mädchen

Her!

Inzwischen ...

DIE BANKIERS  Wir spenden!  *donate*

Wir tanzen!

Erlös

Den Armen!

*(Musik klappernder Goldstücke. Die Bankiers im Zylinder tanzen einen Foxtrott um das Börsenpult.)*

*(Die Bühne verdunkelt sich.)*

## Drittes Bild

*Die Bühne bleibt dunkel.*

MASSENCHÖRE *(wie aus der Ferne).*

Wir ewig eingekeilt
In Schluchten steiler Häuser.
Wir preisgegeben
Der Mechanik höhnischer Systeme.
Wir antlitzlos in Nacht der Tränen.
Wir ewig losgelöst von Müttern,
Aus Tiefen der Fabriken rufen wir:
Wann werden Liebe wir leben?
Wann werden Werk wir wirken?
Wann wird Erlösung uns?
*(Die Bühne erhellt sich. Großer Saal.*
*Auf der Tribüne ein langer schmaler Tisch. Links sitzt die*
*Frau. Im Saal Arbeiter und Arbeiterinnen dicht gedrängt.)*

GRUPPE JUNGER ARBEITERINNEN

Und Schlacht speit neue Schlacht!
Kein Zaudern mehr mit jenen Herren,
Nicht Schwanken und nicht schwachen Pakt.
Einer Schar Genossen Auftrag:
In die Maschinen Dynamit.
Und morgen fetzen die Fabriken in die Luft.
Maschinen pressen uns wie Vieh in Schlachthaus,
Maschinen klemmen uns in Schraubstock,
Maschinen hämmern unsre Leiber Tag für Tag
Zu Nieten ... Schrauben ...
Schrauben ... drei Millimeter ... Schrauben ... fünf Mil-
limeter,
Dörren unsre Augen, lassen Hände uns verwesen
Bei lebendigem Leibe ...
Nieder die Fabriken, nieder die Maschinen!

VEREINZELTE RUFE IM SAAL

Nieder die Fabriken, nieder die Maschinen!

*(Am Tisch auf der Tribüne erhebt sich die Frau.)*

DIE FRAU    Einst Blinde noch und angefallen
Von Marterkolben saugender Maschinen,
Verzweifelt schrie ich jenen Ruf.
Es ist ein Traum, der eure Blicke hemmt,
Ein Traum von Kindern, die vor Nacht erschreckt.
Denn seht: Wir leben zwanzigstes Jahrhundert.
Erkenntnis ist:
Fabrik ist nicht mehr zu zerstören.
Nehmt Dynamit der ganzen Erde,
Laßt eine Nacht der Tat Fabriken sprengen,
Im nächsten Frühjahr wärn sie auferstanden
Und lebten grausamer als je.
Fabriken dürfen nicht mehr Herr,
Und Menschen Mittel sein.
Fabrik sei Diener würdigen Lebens!
Seele des Menschen bezwinge Fabrik!

GRUPPE JUNGER ARBEITER
So sollen die und wir verkommen.
Sieh unsre Worte zerstriemen sich in Wut und Rache.
Die Herren bauen sich Paläste,
Da Brüder in den Schützengräben faulen.
Und Tanz quillt auf und Wiesen, bunte Spiele,
In Nächten lesen wir davon und heulen auf!
Und Sehnsucht ist in uns nach Wissen . . .
Das Höchste nahmen sie,
Und es ward böse.
Nur manchmal in Theatern springt es uns entgegen
Und ist so zart . . . und schön . . . und höhnisch wieder!
In Schulen haben unsre Jugend sie zerstört,
In Schulen unsre Seelen zerbrochen.
Einfache Not ists, die wir rufen . . .
Riecht wohl – diese Not gebeizter Dämpfe!
Wer sind wir heute?
Wir *wollen* nicht warten!

EINE GUPPE VON LANDARBEITERN
Verstoßen hat man uns von unsrer Mutter Erde,

Die reichen Herren kaufen Erde sich wie feile Dirnen,
Belustgen sich mit unsrer gnadenreichen Mutter Erde,
Stoßen unsre rauhen Arme in Rüstungsfabriken.
Wir aber siechen, von Scholle entwurzelt,
Die freudlosen Städte zerbrechen unsre Kraft.
Wir wollen Erde!
Allen die Erde!

MASSE IM SAAL     Allen die Erde!

DIE FRAU     Durch die Quartiere ging ich.
Von Schindeldächern tropfte grauer Regen,
An Stubenwänden schossen Pilze aus der Feuchte.
Und eine Kammer traf ich, saß darin ein Invalide,
Der stotterte: »da draußen war es besser fast ...
Hier leben wir im Schweinekober ...
Nicht wahr ... im Schweinekober?« ...
Und schamhaft Lächeln fiel aus seinen Augen.
Und mit ihm schäm ich mich.
Den Ausweg, Brüder, wollt ihr wissen?
Ein Ausweg bleibt uns Schwachen,
Uns Hassern der Kanonen,
Der Streik! kein Handschlag mehr.
Streik unsre Tat!
Wir Schwachen werden Felsen sein der Stärke,
Und keine Waffe ist gebaut, die uns besiegen könnte.
Ruft unsre stummen Bataillone!
Ich rufe Streik!
Hört ihr:
Ich rufe Streik!
Der Moloch frißt das sechste Jahr die Leiber,
Auf Straßen brechen Schwangere zusammen,
Vor Hunger sind sie nicht mehr fähig,
Zu tragen Last der Ungebornen.
In euren Stuben stiert die Not,
Stiert Seuche, Wahnsinn, Hunger, grüner Hunger.
Dort aber, schaut nach dort:
Die Börsen speien Bacchanalien,
Sekt überströmt errungene Siege,

Wollüstig Prickeln tanzt Geschehen
Um goldene Altäre. Und draußen?
Saht ihr das fahle Antlitz eurer Brüder?
Fühlt ihr die Leiber,
Klamm im abendlichen   *numb*
Feuchten Frost?
Riecht ihr Verwesung Hauch?
Hört ihr die Schreie? frage ich.
Hört ihr den Ruf?
»Die Reihe ist an euch!
Wir angekettet an Kanonenrohre,
Ohnmächtige wir,
Wir schrein euch zu:
Ihr! seid uns Helfer!
*Ihr: seid die Brücke!!«*   — *screamed out.*
Hört ihr! Ich rufe Streik!
Wer weiter Rüstungswerkstatt speist,
Verrät den Bruder. Was sage ich: verrät?
Er tötet eignen Bruder.
Und Frauen ihr!
Kennt ihr Legende jener Weiber,
Die ewig fruchtlos,
Weil sie Waffen mitgeschmiedet?
Denkt eurer Männer draußen!
Ich rufe Streik!

MASSE IM SAAL   Wir rufen Streik!
Wir rufen
Streik!
*(Aus der Masse im Saal eilt der Namenlose auf die Tri-*
*büne, stellt sich rechts an den Tisch.)*

DER NAMENLOSE   Wer Brücke bauen will,
Muß auch für Pfosten sorgen.
Streik ist heute Brückensteg, dem Pfosten fehlen.
Wir brauchen mehr als Streik.
Das Kühnste angenommen.
Durch Streik erzwingt ihr Frieden,
*Einen* Frieden.

Schafft Ruhepause nur. Nicht mehr.
Der Krieg muß enden
In alle Ewigkeit!
Doch vorher letzten, rücksichtslosen Kampf!
Was nützts, wenn ihr den Krieg beendet?
Auch Friede, den ihr schafft,
Läßt euer Los unangetastet. *untouched*
Hie Friedensmaske, altes Los!
Hie Kampf und neues Los!
Ihr Toren, brecht die Fundamente,
Brecht Fundamente! rufe ich.
Dann mag die Sintflut *the Flood*
Das verweste Haus, durch goldne Ketten
Vor Verfall bewahrt, fortschwemmen.
Wir bauen wohnlicher System.
Den Arbeitern gehören die Fabriken
Und nicht dem Monsieur Kapital.
Vorbei die Zeit, da er auf unsern krummen Rücken
Nach fernen Schätzen gierig Umschau hielt
Und fremdes Volk versklavte, Kriege sann,
Papierne Lügenmäuler kreischen ließ:
»Fürs Vaterland! Fürs Vaterland!«
Doch immer mitschwang wahre Melodie:
»Für mich! Für mich!«
Vorbei die Zeit!
Ein Ruf der Massen aller Länder:
Den Arbeitern gehören die Fabriken!
Den Arbeitern die Macht!
Alle für Alle!
Ich rufe mehr als Streik!
Ich rufe: Krieg!
Ich rufe: Revolution!
Der Feind dort oben hört
Auf schöne Reden nicht.
Macht gegen Macht!
Gewalt ... Gewalt!
EINE STIMME   Waffen!

DER NAMENLOSE  Ja, nur Waffen braucht ihr!
  Drum holt sie euch, erstürmt das Stadthaus!
  Der Kampfruf: Sieg!
DIE FRAU  Hört mich!
  Ich will ...
DER NAMENLOSE  Schweigen Sie, Genossin!
  Mit Händedruck, Gebet und brünstgen Bitten
  Erzeugt man keine Kinder.
  Schwindsüchtge werden nicht gesund durch Wassersuppen,
  Zum Bäumefällen brauchts die Axt.
DIE FRAU  Hört mich ...
  Ich will nicht neues Morden.
DER NAMENLOSE  Schweigen Sie, Genossin.
  Was wissen Sie?
  Sie fühlen unsre Not, ich geb es zu.
  Doch waren Sie zehn Stunden lang im Bergwerk,
  In blinden Kammern Kinder heimatlose,
  Zehn Stunden Bergwerk, abends jene Kammern,
  So Tag für Tag das Los der Massen?
  Sie sind nicht Masse!
  Ich bin Masse!
  Masse ist Schicksal.
MASSE IM SAAL  Ist Schicksal ...
DIE FRAU  Doch überlegen Sie,
  { Masse ist ohnmächtig.
  { Masse ist schwach.
DER NAMENLOSE  Wie fern Sie der Erkenntnis sind!
  { Masse ist Führer!
  { Masse ist Kraft!
MASSE IM SAAL  Ist Kraft.
DIE FRAU  Gefühl zwängt mich in Dunkel,
  Doch mein Gewissen schreit mir: Nein!
DER NAMENLOSE  Schweigen Sie, Genossin!
  Der Sache willen.
  Was gilt der Einzelne,
  Was sein Gefühl,
  Was sein Gewissen?

Die Masse gilt!
Bedenken Sie: ein einzger blutiger Kampf
Und ewig Frieden.
Kein Maskentand, wie früher Frieden,
Wo unter Hülle Krieg,
Krieg der Starken gegen Schwache,
Krieg der Ausbeutung, Krieg der Gier.    *exploitation*
Bedenken Sie: aufhört das Elend!
Bedenken Sie: Verbrechen werden Märchen,
An Morgenhorizonten leuchtet Freiheit aller Völker!
Glauben Sie, daß leicht ich rate?
Krieg ist Notwendigkeit für uns.
Ihr Wort bringt Spaltung,
Um der Sache willen
Schweigen Sie.

DIE FRAU    Du ... bist ... Masse
Du ... bist ... Recht

DER NAMENLOSE
Die Brückenpfosten eingerammt, Genossen!
Wer in den Weg sich stellt, wird überrannt.
Masse ist Tat!

MASSE IM SAAL    *(hinaus stürmend).* Tat!!!

*(Die Bühne verdunkelt sich.)*

# Viertes Bild

*(Traumbild)*

> *Angedeutet hochummauerter Hof. Nacht. In der Mitte des Hofes auf der Erde eine Laterne, die ein kümmerliches Licht tränt. Aus den Hofwinkeln tauchen Arbeiter-Wachen auf.*

ERSTE WACHE  *(singt).* Meine Mutter
Hat mich
Im Graben geboren.
Lalala la
Hm, Hm,
ZWEITE WACHE  Mein Vater
Hat mich
Im Rausche verloren.
ALLE WACHEN  Lalala la
Hm, Hm,
DRITTE WACHE  Drei Jahre
War ich
Im Zuchthaus geschoren.
ALLE WACHEN  Lalala la
Hm, Hm,
*(Von irgendwo nähert sich mit gespenstigen lautlosen Schritten der Namenlose. Stellt sich neben die Laterne.)*
ERSTE WACHE  Herr Vater
Vergaß
Aliment zu zahlen.
ALLE WACHEN  Lalala la
Hm, Hm,
ZWEITE WACHE  Meine Mutter
Trippelt
Den Strich in Qualen.
ALLE WACHEN  Lalala la
Hm, Hm,

DRITTE WACHE   Ich störte
Bürger
Bei Königswahlen.
ALLE WACHEN   Lalala la
Hm, Hm,
DER NAMENLOSE   Zum Tanz!
Ich spiele auf!
DIE WACHEN   Halt!!
Wer bist du?
DER NAMENLOSE   Fragt ich
Nach eurem Namen,
Namenlose?
DIE WACHEN   Parole?
DER NAMENLOSE   Masse ist namenlos!
DIE WACHEN   Ist namenlos.
Der Unsern einer.
DER NAMENLOSE   Ich spiele auf.
Ich Melder
Der Entscheidung.
*(Der Namenlose beginnt auf einer Harmonika zu spielen.
In aufpeitschenden, bald sinnlich sich wiegenden, bald
stürmischen Rhythmen. Verurteilter, einen Strick um den
Hals, tritt aus dem Dunkel.)*
VERURTEILTER   Im Namen
Der zum Tode
Verurteilten:
Wir bitten letzte
Gnade:
Einladung zum Tanz.
Tanz ist der Kern
Der Dinge.
Leben,
Aus Tanz geboren,
Drängt
Zum Tanz.
Zum Tanz der Lust,

Zum Totentanz
Der Zeit.

DIE WACHEN   Verurteilten
Soll man
Die letzte Bitte
Stets erfüllen:
Eingeladen.

NAMENLOSER   Nur her!
Die Farbe
Bleibt sich gleich.

VERURTEILTER   *(ruft ins Dunkel)*. Die zum Tode
Verurteilten
Antreten!
Zum letzten Tanz!
Gefaßte Särge
Stehen lassen.
*(Die Verurteilten, Strick um den Hals, treten aus dem
Dunkel. Wachen und Verurteilte tanzen um den Namen-
losen.)*

DIE WACHEN   *(singend)*. Im Graben geboren.
*(Tanzen weiter. Nach kurzer Pause.)*

DIE WACHEN   *(singend)*. Im Rausche verloren.
*(Tanzen weiter. Nach kurzer Pause.)*

DIE WACHEN   *(singend)*. Im Zuchthaus geschoren.
*(Tanzen weiter.*
*Der Namenlose bricht jäh ab. Die Dirnen und die zum
Tode Verurteilten laufen in die Ecke des Hofes. Nacht
frißt sie. Die Wachen postieren sich.*
*Stille windet sich um den Namenlosen. Durch die Mauer
ist der Begleiter in Gestalt eines Wachmannes getreten.
Preßt das Weib [Antlitz der Frau] an sich.)*

DER BEGLEITER   Die Wanderung
Beschwerlich.
Effekt
Belohnt die Müh.
Schau dorthin:

Sogleich
Beginnt das Drama.
Lockt dich die Sensation,
Spiel mit.
*(Eine Wache bringt den Gefangenen [Antlitz des Mannes], führt ihn zum Namenlosen.)*

DER NAMENLOSE    Vom Tribunal
Verurteilt?

EINE WACHE    Sprach selbst
Sich Tod:
Er schoß auf uns.

DER GEFANGENE    Tod?

DER NAMENLOSE    Erschrickst du?
Höre zu:
Wache! Gib Antwort!
Wer lehrte
Todesurteil?
Wer gab Waffen?
Sagte »Held« und »gute Tat«?
Wer heiligte Gewalt?

DIE WACHE    Schulen.
Kasernen.
Krieg.
Immer.

DER NAMENLOSE    Gewalt ... Gewalt.
Warum geschossen?

DER GEFANGENE    Ich schwur
Dem Staate Eid.

DER NAMENLOSE    Du stirbst
Für deine Sache.

DIE WACHEN    An die Mauer!

DER NAMENLOSE    Gewehre geladen?

DIE WACHEN    Geladen ...

DER GEFANGENE    *(an der Mauer).* Leben!
Leben!
*(Weib reißt sich vom Begleiter los.)*

WEIB    Nicht schießen!

Der dort mein Mann!
Vergebt ihm,
Wie ich ihm demütig vergebe.
Vergeben ist so stark
Und jenseits allen Kampfes.

DER NAMENLOSE  Vergeben
Die uns?

WEIB  *Kämpfen*
*Die für Volk?*
*Kämpfen*
*Die für Menschheit?*

DER NAMENLOSE  Die Masse gilt.

DIE WACHEN  An die Mauer!

EINE WACHE  Vergeben ist Feigheit.
Gestern entfloh ich
Den Feinden drüben.
An der Mauer schon stand ich.
Den Leib zerstriemt.
Neben mir der Mann,
Der mich
Erschlagen sollte.
Mein Grab
Mußt ich graben
Mit eigner Hand.
Vor uns
Der Photograph,
Begierig,
Mord
In seine Platte einzubrennen.
Ich scheiß auf die
Revolution,
Wenn wir uns
Äffen lassen
Von den höhnischen Mördern
Drüben.
Ich scheiß auf die
Revolution!

DIE WACHEN    An die Mauer!
*(Das Antlitz des Gefangenen verwandelt sich in das Einer*
*Wache. Die Frau zu Einer Wache.)*
DIE FRAU    Gestern standst du
An der Mauer.
Jetzt stehst du
Wieder an der Mauer.
Das bist du,
Der heute
An der Mauer steht.
Mensch
Das bist du.
Erkenn dich doch:
Das bist du.
EINE WACHE    Die Masse gilt.
DIE FRAU    Der Mensch gilt.
ALLE WACHEN    Die Masse gilt.
DIE FRAU    Ich geb
Mich hin . . .
Allen hin . . .
*(Böses Gelächter der Wachen).*
DIE FRAU    *(stellt sich neben den Mann).* So schießt!
Ich sag mich los! . . .
Ich bin so müde . . .


*(Die Bühne verdunkelt sich.)*

Fünftes Bild — *Dream scene.*

*Der Saal.*
*Morgengrauen schleicht durch die Fenster. Tribüne von*
*trübem Licht erhellt. Am langen Tisch sitzen links die*
*Frau, rechts der Namenlose. An den Türen des Saales*
*Arbeiterwachen. Im Saal hocken vereinzelt an Tischen*
*Arbeiter und Arbeiterinnen.*

DIE FRAU   Sind Nachrichten gekommen letzte Stunde?
Ich schlief, verzeihen Sie, Genosse.
DER NAMENLOSE   Meldung auf Meldung kommt.
Kampf ist Kampf,
Ist blutiges Kräftespiel und kühl zu wägen.
Vor Mitternacht besetzten wir den Bahnhof.
Um eins war er verloren.
Jetzt rücken Bataillone an
Zum neuen Sturm.
Das Postgebäude ist in unserem Besitz.
In diesem Augenblick
Verkündet Telegramm den Völkern unser Werk.
DIE FRAU   Das Werk! Welch heiliges Wort!
DER NAMENLOSE   Ein heilig Wort, Genossin!
Es fordert erzne Panzer,
Es fordert mehr als Rede heißen Herzens.
Es fordert rücksichtslosen Kampf.
*(Sekundenlang flackernde Stille im Saal.)*
DIE FRAU   Genosse, im Letzten überwind ichs nicht.
Kampf mit Eisenwaffen vergewaltigt.
DER NAMENLOSE
Auch Kampf mit Geisteswaffen vergewaltigt.
Ja, jede Rede vergewaltigt. —
Nicht so bestürzt, Genossin,
Ich packe nackte Dinge.
Dächt ich wie Sie, ich würde Mönch
In jenem Kloster ewigen Schweigens.

*(Stille will sich schwer auf den Saal senken. Erster Arbei-*
*ter tritt ein.)*

ERSTER ARBEITER   Ich bringe Meldung.

Wir rückten dreimal gegen den Bahnhof.

Der Platz bäumt sich vor Toten.

Die drüben liegen gut verschanzt,

Mit allen Waffen ausgerüstet,

Mit Flammenwerfern, Minen, giftgen Gasen.

DER NAMENLOSE   Ihr rücktet dreimal an.

Beim viertenmal?

ERSTER ARBEITER   Wir kamen nicht zum viertenmal,

Die drüben wagten Ausfall.

DER NAMENLOSE   Ihr hieltet Stand.

Braucht Ihr Verstärkung?

ERSTER ARBEITER   Wir sind zersprengt.

DER NAMENLOSE   Rückschlag war zu erwarten.

Merk auf – geh in den dreizehnten Bezirk,

Dort liegen die Reserven.

Geh – eile dich.

*(Arbeiter geht.)*

DIE FRAU   Er sprach von Toten.

Viele hundert.

Schrie ich nicht gestern gegen Krieg??

Und heute . . . laß ichs zu,

Daß Brüder in den Tod geworfen? –

DER NAMENLOSE   Ihr Blick ist unklar,

Im Kriege gestern warn wir Sklaven.

DIE FRAU   Und heute?

DER NAMENLOSE   Im Kriege heute sind wir Freie.

*(Stille fiebert.)*

DIE FRAU   In . . . beiden Kriegen . . . Menschen . . .

In . . . beiden Kriegen . . . Menschen . . .

*(Stille taumelt. Zweiter Arbeiter stürzt herein.)*

ZWEITER ARBEITER   Das Postamt verloren!

Die Unsern fliehen!

Feind gibt kein Pardon.

Gefangener Schicksal Tod.

*(Erster Arbeiter eilt herein.)*

ERSTER ARBEITER　Ich komm vom dreizehnten Bezirk,
Vergeblich Mühen.
Die Straßen gesperrt.
Bezirk hat sich ergeben.
Sie liefern Waffen ab.

DRITTER ARBEITER　Die Stadt ist verloren!
Das Werk mißlang!

DIE FRAU　Es mußt mißlingen ...

DER NAMENLOSE　Noch einmal: Schweigen Sie Genossin!
Das Werk ist nicht mißlungen.
War heute unsere Kraft zu schwach,
Morgen dröhnen neue Bataillone.

VIERTER ARBEITER　*(schreit in den Saal).* Sie rücken an!
O furchtbares Gemetzel. Erschossen meine Frau,
Erschossen mein Vater!

DER NAMENLOSE　Sie starben für die Masse.
Aufrichtet Barrikaden!
Noch sind wir Schützer!
Trächtig ist unser Blut zum Kampf!
Sie sollen kommen!

*(Arbeiter stürmen in den Saal.)*

FÜNFTER ARBEITER　Sie metzeln alles nieder.
Männer, Frauen, Kinder.
Wir liefern uns nicht aus,
Daß sie uns töten eingefangnes Vieh.
Alle metzeln sie nieder, wir müssen uns wehren!
Die jenseits der Grenzen schützte Völkerrecht,
Uns meucheln sie wie ausgebrochne wilde Tiere,
Setzen Prämien auf unsre Leiber. –
Waffen sind uns in Händen.
Gefangene Bürger führen wir mit uns,
Ich gab Befehl, die Hälfte zu erschießen,
Die andere folgt, greift Sturmtrupp an.

DER NAMENLOSE　Ihr rächtet eure Brüder.
Masse ist Rache am Unrecht der Jahrhunderte.
Masse ist Rache.

DIE ARBEITER   Ist Rache!

DIE FRAU   Einhaltet Kampfverstörte!
Ich fall euch in den Arm.
Masse soll Volk in Liebe sein.
Masse soll Gemeinschaft sein.
Gemeinschaft ist nicht Rache.
Gemeinschaft zerstört das Fundament des Unrechts.
Gemeinschaft pflanzt die Wälder der Gerechtigkeit.
Mensch, der sich rächt, zerbricht. –
Die Hälfte ist erschossen!
Die Tat nicht Notwehr.
Blinde Wut! nicht Dienst am Werk.
Ihr tötet Menschen.
Tötet ihr mit ihnen Geist des Staats,
Den ihr bekämpft?
Die draußen schütze ich.
Ich war bereit,
Mein Gewissen zu lähmen,
Der Masse willen.
Ich rufe:
Zerbrecht das System!
Du aber willst die Menschen zerbrechen.
Ich kann nicht schweigen, heute nicht.
Die draußen Menschen,
Im Blute stöhnender Mütter geboren ...
Menschen ewige Brüder ...

DER NAMENLOSE   Zum Letzten: Schweigen Sie Genossin!
Gewalt ... Gewalt ...
Die drüben schonen unsre Leiber nicht.
Mit frommem Blick ist harter Kampf
Nicht durchzuführen. –
Hört nicht auf diese Frau.
Geschwätz von Weiberröcken.

DIE FRAU   Ich rufe: Haltet ein!
Und Sie ... wer ... sind ... Sie?
Treibt dich entfesselte Wollust des Herrschens
In Käfig gesperrt seit Jahrhunderten?

Wer ... sind ... Sie?
Gott ... wer ... sind ... Sie?
Mörder ... oder ... Heiland?
Mörder ... oder ... Heiland ...?
Namenloser: Ihr Antlitz?
Sie sind ...?

DER NAMENLOSE  Masse!

DIE FRAU  Sie ... Masse!
Ich ertrag Sie nicht!
Die draußen schütze ich.
In vielen Jahren war ich Euch Gefährtin.
Ich weiß ... Ihr littet mehr als ich ...
Ich bin in hellen Stuben aufgewachsen,
Litt niemals Hunger,
Hört nie das Wahnsinnslachen der verfaulenden Tapeten.
Doch – fühle ich mit Euch
Und weiß um Euch.
Seht, ich komme bittend Kind.
Ich bringe alle Demut.
Hört auf mich:
Zerbrecht die Fundamente des Unrechts,
Zerbrecht die Ketten der geheimen Knechtschaft,
Doch zerschellt die Waffen der verwesten Zeit.
Zerschellt den Haß! Zerschellt die Rache!
Rache ist nicht Wille zur Umgestaltung,
Rache ist nicht Revolution,
Rache ist Axt, die spaltet
Den kristallnen, glutenden,
Den zornigen erzenen Willen zur Revolution.

DER NAMENLOSE  Wie wagst du Frau aus jenen Kreisen,
Die Stunde der Entscheidung zu vergiften?
Ich höre andern Ton aus deinem Mund.
Du schützest sie, die mit dir aufgewachsen.
Das ist der tiefre Grund.
Du bist Verrat.

MASSE IM SAAL  *(bedrängt drohend die Frau).* Verrat!

RUF  Die Intellektuelle!

RUF   Zur Wand mit ihr!

DER NAMENLOSE   Dein Schutz Verrat.
  Die Stunde fordert Handeln,
  Rücksichtsloses Handeln.
  Wer nicht mit uns, ist wider uns.
  Masse muß leben.

MASSE IM SAAL   Muß leben.

DER NAMENLOSE   Du bist verhaftet.

DIE FRAU
  Ich ... schütze ... sie ... die mit mir aufgewachsen?
  Nein, ich schütze euch!
  Ihr selbst steht an der Mauer!
  Ich schütze unsre Seelen!
  Ich schütze Menschheit, ewige Menschheit.
  Wahnsinniger Ankläger ...
  In meinen Worten Angst ...
  So niedrig nie ...
  Ich wählte ...
  Du lügst ... du lügst ...
  *(Ein Arbeiter betritt den Saal.)*

ARBEITER   Bellt einer auf von den Gefangenen
  Bellt monoton, bellt immer wieder,
  Er will zur Führerin!

DER NAMENLOSE   Beweis.

DIE FRAU   Noch einmal ... du lügst ... –
  Wer will mich sprechen ... wer?
  Vielleicht der Mann.
  Um ihn beging ich heute nimmermehr Verrat ...
  Jetzt verrietet ihr euch selbst ...
  Ich weiß nichts mehr ...
  *(Der Namenlose verläßt die Tribüne, taucht in die Masse
  im Saal unter. Von draußen dringen Arbeiter ein.)*

DIE ARBEITER   Verloren.

RUFE   Fliehen! Kämpfen!
  *(Draußen vereinzelte Schüsse. Die Arbeiter drängen zur
  Tür.)*

RUFE  Die Tür ist verrammelt.
  Gekesselt wie Hasen!
  *(Schweigen der Todeserwartung.)*
RUF  Sterben!
  *(Einer beginnt die Internationale zu singen. Die andern
  fallen ein. Mächtig.)*
LIED  Wacht auf im Erdenrund, ihr Knechte,
  Ihr Angeschmiedete der Not,
  Aus Tiefen donnern neue Rechte.
  Der Tag bricht an, die Fackel loht.
  Frei die Bahn, heran zum Handeln,
  Packt an! ihr Massen, erwacht:
  Die Welt will sich von Grund aus wandeln,
  Wir Sklaven ergreifen die Macht.
  Völker hört die Signale,
  Reiht euch ein, der Würfel fällt.
  Die Internationale
  Erkämpft – befreit die Welt.
  *(Plötzlich kurzes Maschinengewehrfeuer. Das Lied zer-
  bricht, Tür am Haupteingang und seitliche Türen werden
  mit einem Ruck eingestoßen.
  Soldaten mit Gewehren im Anschlag stehen an den Türen.)*
OFFIZIER  Widerstand ist nutzlos!
  Hände hoch!
  Hände hoch, befehle ich.
  Wo ist die Führerin?
  Warum streckst nicht die Hände hoch?
  Legt ihr Fesseln an.
  *(Soldaten fesseln die Frau.)*

  *(Die Bühne verdunkelt sich.)*

# Sechstes Bild

*(Traumbild)*

> *Unbegrenzter Raum.*
> *Im Kern ein Käfig, von einem Lichtkegel umzückt. Darin*
> *zusammengekauert eine Gefesselte [Antlitz der Frau].*
> *Neben dem Käfig der Begleiter in Gestalt des Wärters.*

DIE GEFESSELTE  Wo bin
Ich?
DER WÄRTER  Im
Menschenschauhaus.
DIE GEFESSELTE  Vertreib die Schatten.
DER WÄRTER  Vertreib sie selbst.
*(Von irgendwo ein grauer Schatten ohne Kopf.)*
ERSTER SCHATTEN  Kennst mich, Erschossenen?
Mörderin!
DIE GEFESSELTE  Ich bin nicht
Schuldig.
*(Von irgendwo ein zweiter grauer Schatten ohne Kopf.)*
ZWEITER SCHATTEN  Auch Mörderin
An mir.
DIE GEFESSELTE  Du lügst.
*(Von irgendwo grauer Schatten ohne Kopf.)*
DRITTER SCHATTEN  Mörderin
An mir.
VIERTER SCHATTEN  Und mir.
FÜNFTER SCHATTEN  Und mir.
SECHSTER SCHATTEN  Und mir.
DIE GEFESSELTE  Herr Wärter!
Herr Wärter!
DER WÄRTER  Haha! Hahahaha!
DIE GEFESSELTE  Ich wollt nicht
Blut.
ERSTER SCHATTEN  Du schwiegst.

ZWEITER SCHATTEN  Schwiegst beim Sturm
  Aufs Stadthaus.
DRITTER SCHATTEN  Schwiegst beim Raub
  Der Waffen.
VIERTER SCHATTEN  Schwiegst zum Kampf.
FÜNFTER SCHATTEN  Schwiegst beim Holen
  Der Reserven.
SECHSTER SCHATTEN  Du bist schuldig.
ALLE SCHATTEN  Du bist schuldig.
DIE GEFESSELTE  Ich wollt
  Die Andern
  Vor Erschießen
  Retten.
ERSTER SCHATTEN  Betrüg dich nicht.
  Vorher
  Erschoß man uns.
ALLE SCHATTEN  Mörderin du
  An uns.
DIE GEFESSELTE  So bin ich ...
DIE SCHATTEN  Schuldig!
  Dreimal schuldig!
DIE GEFESSELTE  Ich ... bin ... schuldig ...
  *(Die Schatten verblassen. Von irgendwo Bankiers im
  Zylinder.)*
ERSTER BANKIER  Aktie Schuldig,
  Biete an
  Zum Nennwert.
ZWEITER BANKIER  Aktie Schuldig
  Ist nicht mehr
  Zugelassen.
DRITTER BANKIER  Verspekuliert!
  Aktie Schuldig
  Fetzen Papier.
DIE DREI BANKIERS  Aktie Schuldig
  Als Verlust zu buchen.
  *(Die Gefesselte richtet sich auf.)*

DIE GEFESSELTE    Ich ... bin ... schuldig.
*(Die Bankiers verblassen.)*
DER WÄRTER    Törin
Vom sentimentalen
Lebenswandel.
Wären sie am Leben
Sie tanzten
Um vergoldeten Altar,
Dem Tausende geopfert.
Auch Du.
DIE GEFESSELTE    Ich Mensch bin schuldig.
DER WÄRTER    Masse ist Schuld.
DIE GEFESSELTE    So bin ich zwiefach
Schuldig.
DER WÄRTER    Leben ist Schuld.
DIE GEFESSELTE    So mußte ich
Schuldig werden?
DER WÄRTER    Jeder lebt Sich.
Jeder stirbt Seinen Tod.
Der Mensch,
Wie Baum und Pflanze,
Schicksalsgebundne
Vorgeprägte Form,
Die werdend sich entfaltet,
Werdend sich zerstört.
Erkämpf die Antwort selbst!
Leben ist Alles.
*(Von irgendwo kommen im Abstand von fünf Schritt die*
*Gefangenen in Sträflingskleidung. Auf dem Kopf spitze*
*Kappe, an der ein Fetzen Tuch mit Augenschlitzen be-*
*festigt, das Gesicht verhängt. Auf der Brust jedes Ge-*
*fangenen eine Nummer. Im Quadrat gehen sie im ein-*
*tönigen Rhythmus lautlos um den Käfig.)*
DIE GEFESSELTE    Wer Ihr?
Zahlen!
Antlitzlose!
Wer seid Ihr?

Masse
Antlitzloser?
VON FERNE DUMPFES ECHO  Masse ...
DIE GEFESSELTE  Gott!!
ECHO VERHALLEND  Masse ...
*(Stille tropft.)*
DIE GEFESSELTE  *(aufschreiend).* Masse ist Muß!
Masse ist schuldlos!
DER WÄRTER  Mensch ist schuldlos.
DIE GEFESSELTE  Gott ist schuldig!
ECHO VON FERN  Schuldig ...
Schuldig ...
Schuldig ...
DER WÄRTER  Gott ist in Dir.
DIE GEFESSELTE  So überwind ich Gott.
DER WÄRTER  Wurm!
Gottesschänderin!
DIE FRAU  Schändete ich
Gott?
Oder schändete
Gott
Den Menschen?
O ungeheuerlich
Gesetz der Schuld,
Darin sich
Mensch und Mensch
Verstricken *muß.*
Gott
Vor ein Gericht!
Ich klage an.
ECHO VON FERNE  Vor ein Gericht.
*(Die schreitenden Gefangenen bleiben stehen. Ihre Arme
schnellen aufwärts.)*
DIE GEFANGENEN  Wir klagen an.
*(Die Gefangenen verblassen.)*
DER WÄRTER  Du bist geheilt,

Komm aus
Dem Käfig.
DIE GEFESSELTE   Ich bin frei?
DER WÄRTER   Unfrei!
Frei!

*(Die Bühne verdunkelt sich.)*

## Siebentes Bild — Dream scene

*Gefängniszelle.*
*Kleiner Tisch, Bank und Eisenbett in Mauer eingelassen.*
*Vergittertes Lichtloch durch Milchglas undurchsichtig. Am*
*Tisch sitzt die Frau.*

DIE FRAU   O Weg durch reifes Weizenfeld
In Tagen des August . . .
Vormorgenwanderung in winterlichen Bergen . . .
O kleines Käferchen im Hauch des Mittags . . .
Du Welt . . .
*(Stille breitet sich sanft um die Frau.)*
DIE FRAU   Sehnt ich ein Kind?
*(Stille schwingt.)*
DIE FRAU   O Zwiespalt alles Lebens,
An Mann geschmiedet und an Werk.
An Mann . . . an Feind . . .
An Feind?
An Feind geschmiedet?
An mich geschmiedet?
Daß er käme . . . ich will Bestätigung.
*(Die Zelle wird aufgeschlossen. Herein kommt der Mann.)*
DER MANN   Frau . . . ich komme.
Komm, weil Du mich riefst.
DIE FRAU   Mann . . . !
Mann . . .

DER MANN  Ich bringe frohe Kunde dir,
Nicht weiter dürfen Gossen ihren Sud
Auf deinen ... meinen Namen willkürlich entleeren.
Die Untersuchung gegen jene Mörder
Ergab, daß schuldlos du am Frevel der Erschießung.
Sei mutig, noch ist Todesurteil nicht bestätigt.
Trotz Staatsverbrechen achtet rechtlich Denkender
Motive, edel, ehrenhaft.
DIE FRAU  *(weint leise auf).* Ich bin schuldlos ...
Ich bin schuldlos schuldig ...
DER MANN  Du bist schuldlos.
Dem rechtlich Denkenden ist es Gewißheit.
DIE FRAU  Dem rechtlich Denkenden ...
Ich bin so wund ...
Und froh, daß ohne Schmach dein Name ...
DER MANN  Ich wußte, daß du schuldlos.
DIE FRAU  Ja ... du wußtest ...
Achtung vor Motiven ... so wohlanständig bist du ...
Ich seh dich jetzt so ... klar ...
Und bist doch schuldig ... Mann,
Du ... Schuldiger am Mord!
DER MANN  Frau, ich kam zu dir ...
Frau ... dein Wort ist Haß.
DIE FRAU  Haß? nicht Haß,
Ich liebe dich ... ich liebe dich aus meinem Blut.
DER MANN  Ich warnte dich vor Masse.
Wer Masse aufwühlt, wühlt die Hölle auf.
DIE FRAU  Die Hölle? Wer schuf jene Hölle?
Wer fand die Folter eurer goldnen Mühlen,
Die mahlen, mahlen Tag um Tag Profit?
Wer baute Zuchthaus ... wer sprach »heilger Krieg«?
Wer opferte Millionen Menschenleiber
Dem Altar lügnerischen Spiels der Zahl?
Wer stieß die Massen in verweste Höhlen,
Daß heute sie beladen mit dem Sud des Gestern,
Wer raubte Brüdern menschlich Antlitz,
Wer zwang sie in Mechanik,

Erniedrigt sie zu Kolben an Maschinen?
Der Staat! ... Du! ...

DER MANN     Mein Leben Pflicht.

DIE FRAU     O ja ... Pflicht ... Pflicht am Staat.
Du bist ... wohlanständig ...
Ich sagte ja, ich sehe dich so klar.
Du bist wohlanständig.
Du, sag den rechtlich Denkenden,
Sie hätten niemals Recht ...
Schuldig sind sie ...
Schuldig wir alle ...
Ja, ich bin schuldig ... schuldig vor mir,
Schuldig vorm Menschen.

DER MANN     Ich kam zu dir.
Ist hier ein Tribunal?

DIE FRAU     Hier wächst ein Tribunal.
Ich Angeklagte bin der Richter.
Ich klage an ... und spreche schuldig,
Spreche frei ...
Denn letzte Schuld ...?
Ahnst du ... wer letzte Schuld trägt?
Menschen müssen Werk wollen,
Und Werk wird rot von Menschenblut.
Menschen müssen Leben wollen,
Und um sie wächst ein Meer von Menschenblut.
Ahnst du ... wer letzte Schuld trägt? ...
Komm gib mir deine Hand,
Geliebter meines Blutes.
Ich hab mich überwunden ...
Mich und dich.
*(Zittern bricht aus dem Mann. Ein jäh aufquellender Gedanke zerwühlt sein Gesicht. Er taumelt hinaus.)*

DIE FRAU     Gib deine Hand mir ...
Gib deine Hand mir, Bruder,
Auch du mir Bruder. –
Du bist gegangen ... mußtest gehn ...
Letzter Weg führt über Schneefeld.

Letzter Weg kennt nicht Begleiter.
Letzter Weg ist ohne Mutter.
Letzter Weg ist Einsamkeit.
*(Die Tür wird geöffnet. Eintritt der Namenlose.)*

DER NAMENLOSE  Vom Wahn geheilt? Zerstäubt die Illusion?
Drang Einsicht spitzer Dolch ins Herz?
Sprach Richter »Mensch« und »Ich vergebe dir«?
Heilsam war dir die Lehre.
Ich gratuliere zur Bekehrung. Jetzt wieder unser.

DIE FRAU  Du? Wer schickt dich?

DER NAMENLOSE  Die Masse.

DIE FRAU  Man hat mich nicht vergessen?
Die Botschaft ... Die Botschaft ...

DER NAMENLOSE  Mein Auftrag ist dich zu befrein.

DIE FRAU  Befreien!
Leben!
Wir fliehn? Ist alles vorbereitet?

DER NAMENLOSE  Zwei Wärter sind bestochen.
Den Dritten, den am Tore, schlag ich nieder.

DIE FRAU  Schlägst nieder ... meinetwillen ...?

DER NAMENLOSE  Der Sache willen.

DIE FRAU  Ich hab kein Recht,
Durch Tod des Wächters Leben zu gewinnen.

DER NAMENLOSE  Die Masse hat ein Recht auf dich.

DIE FRAU  Und Recht des Wächters?
Wächter ist Mensch.

DER NAMENLOSE  Noch gibt es nicht »den Menschen«
Massenmenschen hie!
Staatsmenschen dort!

DIE FRAU  Mensch ist nackt.

DER NAMENLOSE  Masse ist heilig.

DIE FRAU  Masse ist nicht heilig.
Gewalt schuf Masse.
Besitzunrecht schuf Masse.
Masse ist Trieb aus Not,
Ist gläubige Demut ...
Ist grausame Rache ...

Ist blinder Sklave ...
Ist frommer Wille ...
Masse ist zerstampfter Acker,
Masse ist verschüttet Volk,

DER NAMENLOSE    Und Tat?

DIE FRAU    Tat! Und mehr als Tat!
Mensch in Masse befrein,
Gemeinschaft in Masse befreien.

DER NAMENLOSE    Der rauhe Wind vorm Tore
Wird dich heilen.
Eil dich,
Minuten bleiben uns.

DIE FRAU    Du bist nicht Befreiung,
Du bist nicht Erlösung.
Doch weiß ich, wer du bist.
»Schlägst nieder!« Immer schlägst du nieder!
Dein Vater der hieß: Krieg.
Du bist sein Bastard.
Du armer neuer Henkermarschall,
Dein einzger Heilweg: »Tod!« und »Rottet aus!«
Wirf ab den Mantel hoher Worte,
Er wird papierenes Gespinst.

DER NAMENLOSE
Die Mördergenerale kämpften für den Staat!

DIE FRAU    Sie mordeten, doch nicht in Lust.
Sie glaubten gleich wie du an ihre Sendung.

DER NAMENLOSE    Sie kämpften für den Unterdrücker Staat,
Wir kämpfen für die Menschheit.

DIE FRAU    Ihr mordet für die Menschheit,
Wie sie Verblendete für ihren Staat gemordet.
Und einige glaubten gar
Durch ihren Staat, ihr Vaterland,
Die Erde zu erlösen.
Ich sehe keine Unterscheidung:
Die einen morden für ein Land,
Die andern für die Länder alle.
Die einen morden für tausend Menschen,

Die andern für Millionen.
Wer für den Staat gemordet,
Nennt Ihr Henker.
Wer für die Menschheit mordet,
Den bekränzt ihr, nennt ihn gütig,
Sittlich, edel, groß.
Ja, sprecht von guter, heiliger Gewalt.

DER NAMENLOSE   Klag andre, klag das Leben an!
Soll ich Millionen ferner unterjochen lassen,
Weil ihre Unterjocher ehrlich glauben?
Und wirst du weniger schuldig,
Wenn du schweigst?

DIE FRAU   Nicht Fackel düsterer Gewalt weist uns den Weg.
Du führst in seltsam neues Land,
Ins Land der alten Menschensklaverei.
Wenn Schicksal dich in diese Zeit gestoßen,
Und dir die Macht verheißt:
Zu vergewaltigen, die verzweifelt
Dich ersehnen wie den neuen Heiland,
So weiß ich: dieses Schicksal haßt den Menschen.

DER NAMENLOSE   Die Masse gilt und nicht der Mensch.
Du bist nicht unsre Heldin, unsre Führerin.
Ein jeder trägt die Krankheit seiner Herkunft,
Du die bürgerlichen Male:
Selbstbetrug und Schwäche.

DIE FRAU   Du liebst die Menschen nicht.

DER NAMENLOSE   Die Lehre über alles!
Ich liebe die Künftigen!

DIE FRAU   Der Mensch über alles!
Der Lehre willen
Opferst du
Die Gegenwärtigen.

DER NAMENLOSE   Der Lehre willen muß ich sie opfern.
Du aber verrätst die Masse, du verrätst die Sache.
Denn heute gilts sich zu entscheiden.
Wer schwankt, sich nicht entscheiden kann,
Stützt die Herren, die uns unterdrücken,

Stützt die Herren, die uns hungern lassen,
Ist Feind.

DIE FRAU   Ich verriete die Massen,
Forderte ich Leben eines Menschen.
Nur selbst sich opfern darf der Täter.
Höre: kein Mensch darf Menschen töten
Um einer Sache willen.
Unheilig jede Sache, dies verlangt.
Wer Menschenblut um seinetwillen fordert,
Ist Moloch:
Gott war Moloch.
Staat war Moloch.
Masse war Moloch.

DER NAMENLOSE   Und wer heilig?

DIE FRAU   Einst ...
Gemeinschaft ...
Werkverbundne freie Menschheit ...
Werk – Volk.

DER NAMENLOSE   Dir fehlt der Mut, die Tat, die harte Tat
Auf dich zu nehmen.
Durch harte Tat erst wird das freie Volk.
Sühne durch den Tod.
Vielleicht dein Tod von Nutzen uns.

DIE FRAU   Ich lebe ewig.

DER NAMENLOSE   Du lebst zu früh.
*(Der Namenlose verläßt die Zelle.)*

DIE FRAU   Du lebtest gestern.
Du lebst heute.
Und bist morgen tot.
Ich aber werde ewig,
Von Kreis zu Kreis,
Von Wende zu Wende,
Und einst werde ich
Reiner,
Schuldloser,
Menschheit
Sein.

*(Eintritt der Priester.)*

DER PRIESTER Ich komme, letzten Beistand dir zu geben,
Auch dem Verbrecher wird der Schutz der Kirche nicht
DIE FRAU In wessen Auftrag? [versagt.
DER PRIESTER Die Staatsbehörde hat mich unterrichtet.
DIE FRAU Wo waren Sie am Tage des Gerichts?
Gehen Sie! . . .
DER PRIESTER Gott vergibt auch dir. Ich weiß um dich.
Der Mensch ist gut – so träumtest du
Und sätest namenlosen Frevel
Wider heilgen Staat und heilge Ordnung.
Der Mensch ist böse von Anbeginn.
DIE FRAU Der Mensch *will* gut sein.  ‖
DER PRIESTER Die Lüge fallender Zeiten,
Geboren aus Verfall, Verzweiflung, Flucht,
Geschützt durch wächserne Hülle,
Erbetelten, ersehnten Glaubens,
Bedroht vom schlechten Gewissen.
Glaub mir, er *will* nicht einmal gut sein.
DIE FRAU Er *will* gut sein. Auch wo er Böses tut,
Hüllt er sich in die Maske Guttun.
DER PRIESTER Völker werden, Völker verfallen,
Nie sah die Erde Paradies.
DIE FRAU Ich glaube.
DER PRIESTER Erinnere dich:
Machtgier! Lustgier! Der irdische Rhythmus.
DIE FRAU Ich glaube!!
DER PRIESTER Alles Irdische ewiger Wechsel von Formen.
Menschheit bleibt hilflos. In Gott ruht Erlösung.
DIE FRAU Ich glaube!!!
Mich friert . . . Gehen Sie!
Gehen Sie!
*(Der Priester verläßt die Zelle. Eintritt des Offizier.)*
OFFIZIER Hier das Urteil.
Mildernder Umstand anerkannt.
Trotzdem. Staatsverbrechen heischt Sühne.
DIE FRAU Sie werden mich erschießen lassen?

DER OFFIZIER    Befehl Befehl. Gehorchen gehorchen.
Staatsinteresse Ruhe Ordnung.
Offizierspflicht.

DIE FRAU    Und der Mensch?

DER OFFIZIER    Jede Unterhaltung mir verboten.
Befehl Befehl.

DIE FRAU    Ich bin bereit.

*(Offizier und Frau gehen hinaus. Einige Sekunden die
Zelle leer. Zwei weibliche Gefangene in Sträflingskitteln
huschen hinein. Bleiben an der Tür stehen.)*

ERSTE GEFANGENE
Sahst du den Offizier? So goldne Uniform?

ZWEITE GEFANGENE
Ich sah den Sarg. Im Waschraum. Gelbe Bretterkiste.

*(Die erste Gefangene sieht auf dem Tisch Brot liegen,
stürzt sich darauf.)*

ERSTE GEFANGENE    Da Brot! Hunger! Hunger! Hunger!

ZWEITE GEFANGENE    Mir Brot! Mir Brot! Mir Brot!

ERSTE GEFANGENE    Da Spiegel. Ei, wie schön.
Verstecken. Abends. Zelle.

ZWEITE GEFANGENE    Da seidnes Tuch.
Nackte Brust, seidnes Tuch.
Verstecken. Abends. Zelle.

*(Von draußen dringt der harte Knall einer Salve in die
Zelle. Die Gefangenen werfen erschreckt gespreizte Hände
von sich. Erste Gefangene sucht aus ihren Röcken den
versteckten Spiegel. Legt ihn hastig auf den Tisch zurück.
Weint auf, sinkt in die Knie.)*

ERSTE GEFANGENE    Schwester, warum tun wir das?

*(In einer großen Hilflosigkeit taumeln ihre Arme in die
Luft. Zweite Gefangene sucht aus ihren Röcken das ver-
steckte seidne Tuch. Legt es hastig auf das Bett zurück.)*

ZWEITE GEFANGENE    Schwester, warum tun wir das?

*(Zweite Gefangene bricht zusammen. Birgt den Kopf im
Schoß.)*

*breaks down.*

*(Die Bühne schließt sich.)*

## Zum Text

Der Text folgt den *Gesammelten Werken*, Bd. 2: *Dramen und Gedichte aus dem Gefängnis (1918–1924)*, hrsg. von John M. Spalek und Wolfgang Frühwald, München: Carl Hanser, 1978 (Reihe Hanser 251). Dieser Ausgabe liegt der Erstdruck zugrunde: *Masse Mensch. Ein Stück aus der sozialen Revolution des 20. Jahrhunderts*, Potsdam: Gustav Kiepenheuer, 1921 (1.–3. Tausend).

Der Titel bezeichnet eine Antithese und wurde erst später zu dem Begriff »die Masse Mensch« verballhornt. Im Untertitel meint »Stück«, wie es die englische Übersetzung von Vera Mendel belegt, eher »fragment« als »play«.

Erst die 2. Fassung (4.–6. Tausend, 1922) führt in den Titel den Bindestrich ein. Sie weicht sonst geringfügig ab, diente zu Tollers Lebzeiten aber dann allen Drucken zur Vorlage. Ihr ist folgendes »Vorwort zur zweiten Auflage« vorangestellt, das Toller an Jürgen Fehling, den Regisseur der Berliner Erstaufführung, richtet:

### Brief an einen schöpferischen Mittler

Es gibt Kritiker, die bemängeln, daß Sie, obschon die Traumbilder Traumantlitz trugen, den »realen Bildern« visionäres Antlitz gaben und so die Grenzen zwischen Realität und Traum milderten. Sie haben, ich möchte es Ihnen eigens sagen, in meinem Sinn gehandelt. Diese »realen Bilder« sind keine naturalistischen »Milieuszenen«, die Gestalten sind (bis auf die Gestalt Sonjas) nicht individualbetont. *Was kann in einem Drama wie »Masse-Mensch« real sein? Nur der seelische, der geistige Atem.*

Als Politiker handle ich, als ob die Menschen als einzelne, als Gruppen, als Funktionsträger, als Machtexponenten, als Wirtschaftsexponenten, als ob irgend welche Sachverhältnisse reale Gegebenheiten wären. Als Künstler schaue ich diese »realen Gegebenheiten« in ihrer großen Fragwürdigkeit. (»Es ist noch eine Frage, ob wir persönlich existieren.«)

Ich sehe auf einem Gefängnishof Sträflinge in eintönigem Rhythmus Holz sägen. Menschen, denke ich, bewegt. Der mag ein Arbeiter sein, der ein Bauer, der vielleicht ein Notariatsgehilfe ... Ich sehe die Stube, in der der Arbeiter lebte, sehe seine kleinen Eigentümlichkeiten, die besonderen Gesten, mit denen er ein Streichholz wegwerfen, eine Frau umarmen, das Fabriktor abends durchschreiten mag. Ich sehe ebenso deutlich den breitrückigen Bauern dort, den kleinen schmalbrüstigen Notariatsgehilfen. Dann ... jäh ... sind das gar keine Menschen X und Y und Z mehr, sondern schauerliche Marionetten, von ahnungsvoll erfülltem Zwang schicksalhaft getrieben.

Zwei Frauen gingen einmal vor meinem Zellenfenster, an dessen Eisenstäben ich hing, vorbei. Scheinbar zwei alte Jungfern. Beide trugen kurz geschnittene, weiße Haare, beide trugen Kleider von gleicher Form, gleicher Farbe und gleichem Schnitt, beide trugen einen grauen Regenschirm mit weißen Tupfen, beide wackelten mit dem Kopf.

Nicht die Augenblicksspanne schaute ich »reale Menschen«, die im »realen Neuburg«, in der schmalen Gerichtsgasse spazieren gingen. Ein Totentanz zweier alter Jungfern, einer alten Jungfer und ihres Spiegeltodes, glotzte mich an.

Das Drama »Masse-Mensch« ist eine visionäre Schau, die in zweieinhalb Tagen förmlich aus mir »brach«. Die beiden Nächte, die ich durch den Zwang der Haft in dunkler Zelle im »Bett« verbringen mußte, waren Abgründe der Qual, ich war wie gepeitscht von Gesichten, von dämonischen Gesichten, von in grotesken Sprüngen sich überpurzelnden Gesichten. Morgens setzte ich mich, vor innerem Fieber frierend, an den Tisch und hörte nicht eher auf, bis meine Finger klamm, zitternd den Dienst versagten. Niemand durfte in meine Zelle, ich lehnte die Reinigung ab, ich wandte mich in hemmungslosem Zorn gegen Kameraden, die mich etwas fragen, die mir in irgend etwas helfen wollten.

Ein Jahr währte die müh-*selige* Arbeit des Neuformens und Feilens.

Ich stehe dem Drama »Masse-Mensch« heute kritisch gegenüber, ich habe die Bedingtheit der Form erkannt, die herrührt von einer trotz allem! inneren Gehemmtheit jener Tage, einer menschlichen Scham, die künstlerischer Formung persönlichen Erlebens, nackter Konfession, scheu auswich, und die doch nicht den Willen zu reiner künstlerischer Objektivation aufbringen konnte. Das Ungeheure der Revolutionstage war nicht seelisches *Bild* der Revolutionstage geworden, es war irgendwie noch schmerzendes, qualvolles »*Seelenelement*«, Seelen-»*Chaos*«.

Ich bin verwundert über die Verständnislosigkeit der Kritik. Die Ursache mag (und das ist am wahrscheinlichsten) ein Mangel der Gestaltung sein. Vielleicht ist aber auch Mitursache die Erscheinung, daß für den »bürgerlichen« Kritiker »Zeitungswort«, »Leitartikelphrase« usw. bedeutet, was für unsereinen, der dem proletarischen Volk nahe lebt, um seine geistige, seine seelische Welt weiß, *der aus der seelischen und geistigen Welt des proletarischen Volks heraus schafft*, Ausdruck erschütterndster, aufwühlendster, den ganzen Menschen erfassender ideelicher Kämpfe bedeutet.

Es ist schon so: was in der sozialen Welt und deren künstlerischem Bild »dem Bürger« Streit um dürre Worte scheint, ist dem Proletarier tragischer Zwiespalt, bedrängender Ansturm. Was dem »Bürger« als Erkenntnis »tief«, »bedeutend«, als Ausdruck bewegtester geistiger Kämpfe erscheint, läßt den Proletarier gänzlich »un-angerührt«. –

Daß auch proletarische Kunst im Menschlichen münden muß, daß sie im Tiefsten allumfassend sein muß – wie das Leben, wie der Tod, brauche ich nicht zu betonen. Es gibt eine proletarische Kunst nur insofern, als für den Gestaltenden die Mannigfaltigkeiten proletarischen Seelenlebens Wege zur Formung des Ewig-Menschlichen sind.

Festung Niederschönenfeld, Oktober 1921         *Ernst Toller*

Uraufführung am 15. November 1920 im Stadttheater Nürnberg in einer »geschlossenen Gewerkschaftsaufführung«. Regie: Friedrich Neubauer. Berliner Erstaufführung: 29. September 1921, Volksbühne. Regie: Jürgen Fehling.

# Nachwort

Wie kaum ein anderer Dramatiker seiner Zeit hat Ernst Toller mit seinen Dramen ein Panorama aller wesentlichen politischen Ereignisse und Tendenzen vom Ersten bis zum Zweiten Weltkrieg gegeben. Um so erstaunlicher ist es, daß der Chronist und Kritiker dieser Epoche, der sich in Dramatik und Publizistik mit den Problemen der Revolution, der politisch-gesellschaftlichen Restauration, des aufkommenden Nationalsozialismus und des Widerstands im Dritten Reich auseinandersetzte, nach 1945 so gut wie keine Beachtung gefunden hat. Und auch heute gilt das sporadische Interesse, das Toller in vereinzelten Studien und durch Neuauflagen seiner Werke zuteil wird, weit mehr dem sogenannten »Bekenntnisdramatiker« als dem politischen Diagnostiker und Analytiker.[1] Diese Fehleinschätzung geht nicht zuletzt auf Tollers eigene Äußerung zurück, daß der politische Dichter aus seiner »seelischen Fülle« schöpfen, daß das »Erlebnis« vorangehen müsse. Übersehen wird dabei allerdings, daß Toller dieses Erlebnis als »Erlebnis der Erkenntnis« verstanden wissen will,[2] als eine Erfahrung, in der politische Einsicht aus praktischem Handeln und emotionalem Engagement entspringt, ohne sich davon abzulösen und zur politischen Doktrin zu erstarren. Schon beim frühen Toller äußert sich dieser letztlich *intellektuelle* Vorgang der Erlebnisverarbeitung darin, daß sich dem Glauben, der Hingabe an die Idee – in diesem Fall des Sozialismus – die Skepsis zugesellt: »Wie dem religiösen Gefühl das Heil der Seele wichtiger dünkt als das Glück der Welt, macht

1 Seit der Uraufführung von Tollers Erstlingswerk *Die Wandlung* (1919), einem vorrevolutionären, utopisch-anarchistischen Bekenntnis zur Wandlungsfähigkeit der Menschen, werden seine politischen Dramen vorwiegend unter dem Gesichtspunkt ihres autobiographischen Gehalts beurteilt, so daß die – schon auf *Die Wandlung* nur bedingt zutreffende – Kategorie »Bekenntnisdrama« zum gängigen Maßstab für sämtliche Stücke Tollers wurde.
2 Ernst Toller, *Briefe aus dem Gefängnis*, Amsterdam 1935, S. 245.

das Künstlerische nicht Halt vor den Illusionen, die ihm
[dem Künstler] zuweilen Kraft und Impuls geben. Aus
tiefer Notwendigkeit treibt es ihn, die Illusionen des Menschen zu zerstören.«[3]

Ernst Toller hat mit seinem zweiten Drama *Masse Mensch*,
das im Oktober 1919 im Festungsgefängnis Niederschönenfeld entstand,[4] die mit der vorausgegangenen Novemberrevolution und der Räterepublik in Bayern verbundenen
Hoffnungen auf politische und gesellschaftliche Veränderun-
gen wenn nicht zerstört, so doch einer eindringlichen und un-
bestechlichen Prüfung unterzogen. Dieses Stück, das wie
kein anderes Drama der Zeit die Revolutionsproblematik
von den verschiedensten Seiten zu beleuchten sucht, indem
es mit der Frage nach der Funktion und Legitimation von
Gewalt bei gesellschaftlichen Umwälzungen diejenigen nach
Freiheit und Notwendigkeit und nach dem Verhältnis von
Einzelnem und Kollektiv verbindet, ist wohl das umstrit-
tenste Werk Tollers.

*Masse Mensch* kann durchaus als direkte Antwort auf die
politischen Ereignisse von 1918/19 verstanden werden, aber
nicht im Sinne einer emotionalen Reaktion oder Kompensation, sondern als Versuch der theoretischen Verarbeitung
durch künstlerische Distanzierung. Es ist die dramatisch-
dialektische Umsetzung des realen Zusammenpralls zweier
unvereinbarer Weltanschauungen und revolutionärer Kon-
zeptionen.[5]

An diesem auch heute noch brisanten politischen Drama
haben sich von Anfang an die Geister geschieden. Es gehört zu den Eigentümlichkeiten schon seiner frühesten Wirkungsgeschichte, daß es auch erklärtermaßen apolitische Kri-

---

3 Toller, *Briefe aus dem Gefängnis*, S. 244 f.
4 Toller war im Juli 1919 aufgrund seiner aktiven Teilnahme an der
Revolution und der Räterepublik in Bayern wegen Hochverrats zu einer
Festungshaft von fünf Jahren verurteilt worden.
5 Auf dem Titelblatt der Erstausgabe fehlt – im Gegensatz zu allen
späteren Auflagen – der Binde- und Trennungsstrich zwischen »Masse«
und »Mensch«, der die dialektische Konstellation der Begriffe eindeu-
tiger hervortreten läßt (*Masse-Mensch*).

tiker zur Auseinandersetzung mit dem Problem der Revolution zwang und zu politischen Stellungnahmen provozierte, die oft nur notdürftig durch »professionelle« – literarische oder dramaturgische – Argumente verbrämt werden. Die Skala der zeitgenössischen Urteile reicht von der Denunziation des Autors als Konterrevolutionär bis zum Vorwurf, in seinem Stück werde der Bolschewismus verherrlicht:

»Das in Bayern wegen Aufreizung zum Klassenhaß verbotene Stück *Masse Mensch* ist Alfred Kerr vom demokratischen Berliner Tageblatt zu friedlich, deutschnationale Blätter sehen darin eine freudig begrüßte Wandlung vom Massenkult hin zum Individualismus und ... zum Völkischen. Das protestantische Pfarrblättchen *Der Reichsbote* wittert Morgenluft, meint, jetzt beginne Tollers eigentliche Wandlung, lächelt dem werdenden *Renegaten*, aus dem immerhin Kapital zu schlagen wäre, verschämt holdselig zu ...

Der Kritiker der Zentrums-*Germania* spricht von einem ›Ereignis in der Volksbühne‹, von einem ›seelischen Erlebnis‹. Dagegen wollen einige Blätter im Stück eine ›kommunistische Messe‹ sehen, eine Feier für Bolschewisten, einseitige Verherrlichung der proletarischen Masse ...«[6]

So der Betroffene selbst in seinen *Briefen aus dem Gefängnis*. Toller glaubte, diese einander ausschließenden Fehlinterpretationen auf *formale* Mängel zurückführen zu müssen, und unterschätzte dabei selbst die politisierende Kraft seines Dramas, das widersprüchliche Reaktionen im gleichen Maße provoziert, wie es konsequent daran festhält, revolutionäre Problematik anstelle revolutionärer Programmatik zu präsentieren.

Toller ist einer der wenigen Vertreter der extremen politischen Linken, die nach dem Scheitern der Revolution den Mut zu einer grundsätzlichen – das heißt nicht nur taktischen – Überprüfung ihrer revolutionären Grundsätze fan-

6 Toller, *Briefe aus dem Gefängnis*, S. 103.

den, ohne zu Renegaten zu werden. Wenn ältere und neuere Interpretationen, und zwar solche »rechter« wie »linker« Observanz, in der Regel mit dem Versuch enden, dem Stück den Rang eines politischen Dramas zu bestreiten und ihm allenfalls die Qualitäten eines rührenden Gesinnungsdokuments zuzugestehen, so drängt sich die Frage auf, ob mit dieser stillschweigend vorgenommenen Sonderung von Ethik und Politik die von Toller vorgelebte und dramatisch neu aufgeworfene Problematik wirklich erledigt oder nur verdrängt ist; ob nicht gerade diese sich als »realistisch« verstehende Position Ausdruck jenes um jede individuelle Erfahrung und um jede ethische Komponente verkürzten Politikverständnisses ist, gegen das Tollers *Masse Mensch* aufbegehrte.[7]

Nicht die Anonymität kollektiver Vorgänge und objektiver historischer Prozesse, sondern das Problem politischer Verantwortung, des Schuldigwerdens aus bestem revolutionärem Wollen heraus steht im Mittelpunkt des Dramas, und wir wissen nicht nur aus *Masse Mensch*, sondern aus vielen Äußerungen Tollers, wie sehr er unter der »Schuld«, die er als Politiker auf sich geladen hatte, litt: »Muß der Handelnde schuldig werden, immer und immer? Oder wenn er nicht schuldig werden will, untergehen?«[8] Der autobiographisch motivierte Konflikt ist aber nur die eine Seite des Dramas: Die innere Problematik wird nach außen verlagert, sie wird objektiviert in der Konfrontation der Sonja Irene L. mit ›dem Namenlosen‹. In dieser wiederum sind wesentliche Elemente der historischen Problematik der revolutionären Bewegung in Bayern verarbeitet, die ihren Höhepunkt in der Gründung *zweier* Räterepubliken fand.[9]

7 Ein neueres, nicht der wissenschaftlichen Sekundärliteratur über Toller angehörendes Beispiel für dieses »verkürzte« Politikverständnis ist Tankred Dorsts Stück *Toller* (1969).
8 Ernst Toller, »Eine Jugend in Deutschland«, in: E. T., *Prosa, Briefe, Dramen, Gedichte*, hrsg. von Kurt Hiller, Reinbek bei Hamburg 1961, S. 175.
9 Die Unterscheidung zwischen »Scheinräterepublik« und »echter« (kommunistischer) Räterepublik findet sich in literaturwissenschaftlichen

Den geschichtlichen Hintergrund bildet die Zeit von November 1918 (Ausbruch der Revolution) bis Mai 1919 (Sieg der bürgerlich-konservativen Kräfte), wobei Toller die Ereignisse zeitlich zusammengezogen, sie aber nicht im Sinne des historischen Dramas oder des Zeitstücks zum eigentlichen Gegenstand des Spiels gemacht hat. Was ihn beschäftigt und ihm zum Problem wird, sind die politischen Schwierigkeiten bei der Durchführung einer Revolution, die aus ethischen Überlegungen und Rücksichtnahmen entstehen. Daß diese Schwierigkeiten und die aus ihnen gewonnene Erkenntnis der Undurchführbarkeit einer gewaltlosen »humanitären« Revolution wieder die Gestalt persönlicher Probleme annehmen und zu schweren Zweifeln an der politischen Aufgabe und am Menschen selbst führen, ist dramatischer Ausdruck eines Selbstverständnisses, das nicht bereit ist, politische Praxis von vornherein als »schmutziges Handwerk« aufzufassen und aus dem Bereich individueller Verantwortung zu entlassen.

Seelischer und politischer Konflikt werden so eng miteinander verknüpft, daß die innere Schuldproblematik als direkte Konsequenz aus dem politischen Handeln erwächst. Toller versucht, gerade durch das Aufdecken des eigenen seelischen Zwiespalts und seine Projektion in die Gestalten der Sonja Irene L. und des Namenlosen ein objektives Bild der politischen Differenzen in den revolutionären Lagern der Kommunisten und der libertären Sozialisten zu geben und darüber hinaus die Unaufgeklärtheit und Entschlußlosigkeit der Masse zu zeigen, die unfähig war, eine Revolution zu tragen. Er stellt in *Masse Mensch* der kommunistischen Doktrin »Der Zweck heiligt die Mittel« seine – vor allem von Gustav Landauers Anarchismus-Konzeption beeinflußte – Auffassung entgegen, daß die Humanität auch im revolutionären Kampf nicht bloßes Ziel sein dürfe, sondern bei der Wahl der Mittel entscheidendes Kriterium bleiben

und historischen Darstellungen von kommunistischer Seite. – Vgl. dazu z. B. Hans Beyer, *Von der Novemberrevolution zur Räterepublik in Bayern*, Berlin 1957, S. 80.

müsse. Der blutige Ausgang der Revolution macht der
Frau erneut ihre durch die Suggestionskraft des Namenlosen vorübergehend verdrängte Überzeugung bewußt, daß
der an einen politisch noch unmündigen Adressaten gerich-
tete und mit der Fetischisierung allgemeiner Herrschafts-
begriffe arbeitende Aufruf zur Gewalt verantwortungslos
ist, weil er die neue Idee der Emanzipation der Massen unter die gleichen mythischen Zwänge des Götzendienstes und
des Blutopfers stellt, die von ihren historischen Vorgän-
gern Gott und Staat ausgingen: »[...] kein Mensch darf
Menschen töten / Um einer Sache willen. / Unheilig jede
Sache, dies verlangt. / Wer Menschenblut um seinetwillen
fordert, / Ist Moloch: / Gott war Moloch. / Staat war Moloch. / Masse war Moloch.«[10]
Es ist für die historische Einschätzung dieser Position wich-
tig, daran zu erinnern, daß in der revolutionären Phase
nach dem Ersten Weltkrieg nicht nur Anarchisten oder vom
Anarchismus Beeinflußte wie Landauer, Eisner und Toller,
sondern auch dem Kommunismus nahestehende Intellektuelle wie Lukács an einer revolutionären Taktik Kritik
geübt haben, die jedes Mittel vom angestrebten Ziel her
legitimieren zu können glaubt. Lukács erblickt noch 1918,
kurz vor seinem Eintritt in die kommunistische Partei, in
der bolschewistischen Konzeption des Klassenkampfes die
Gefahr, daß die Revolution in Gewalt und Unterdrückung
steckenbleiben und damit die eigentliche Idee der Revolution verlorengehen könnte:

> »Darf man das Gute mit schlechten Mitteln, die Freiheit
> durch Unterdrückung erkämpfen? Kann eine neue Welt-
> ordnung entstehen, wenn die Mittel nur technisch unter-
> schieden sind von denen der alten Weltordnung, die zu
> Recht gehaßt und verachtet werden? Es hat den An-
> schein, als ob man sich hier auf die Marxsche Feststellung
> berufen könnte, daß der gesamte Geschichtsprozeß schon
> immer aus Klassenkämpfen, aus dem Kampf zwischen

10 In der vorliegenden Ausgabe S. 50.

Unterdrückern und Unterdrückten, bestanden habe – und auch in Zukunft bestehen werde; daß auch der Kampf des Proletariats keine Ausnahme sei. Träfe das zu, dann wäre der ganze ideelle Inhalt des Sozialismus – abgesehen von der Befriedigung der materiellen Interessen des Proletariats – nur Ideologie gewesen. Das aber ist unmöglich. Aus diesem Grund darf man eine geschichtliche Feststellung nicht als Fundament des moralischen Wollens der neuen Weltordnung betrachten. Man muß das Schlechte *als* Schlechtes, die Unterdrückung *als* Unterdrückung, die Klassenherrschaft *als* Klassenherrschaft bezeichnen. Man muß daran glauben – und das ist das wahre ›credo quia absurdum est‹ –, daß der Unterdrückung nicht wieder ein Kampf der Unterdrückten um die Macht folgen wird (usw., eine Reihe sinnloser Kämpfe), sondern die Selbstvernichtung der Unterdrückung. [...] Der Bolschewismus basiert auf der metaphysischen Annahme, daß aus dem Schlechten Gutes stammen kann, daß es möglich ist, sich – wie Razumichin im ›Raskolnikov‹ sagt – durchzulügen bis zur Wahrheit. Der Verfasser dieser Zeilen kann diesen Glauben nicht teilen, und darum sieht er in den Wurzeln der bolschewistischen Position ein unlösbares moralisches Problem.«[11]

Lukács hat seine These vom unlösbaren moralischen Problem des Bolschewismus schon bald revidiert, d. h. sein hier noch im Vordergrund stehendes Humanitätsideal dem Mittel der gewaltsamen sozialen Veränderung taktisch untergeordnet und seine Realisierung an das Ende, das Ziel des revolutionären Kampfes geschoben. Toller hat nie den Versuch unternommen, die Unauflösbarkeit des in *Masse Mensch* besonders deutlich dargestellten Konflikts zwischen dem ethischen Prinzip der Gewaltlosigkeit und der politischen Notwendigkeit der Gewaltanwendung im revolutionären Kampf zu negieren. Es entspricht seinem unorthodoxen, je-

---

11 Georg Lukács, »Der Bolschewismus als moralisches Problem« (Dezember 1918), in: G. L., *Tragik und Ethik*, hrsg. von Jörg Kammler und Frank Benseler, Darmstadt/Neuwied 1975, S. 31–33.

der Unterwerfung unter ein rigides Parteiprogramm abge-
neigten Sozialismusverständnis, daß er die Gewalt als politisches Mittel zwar prinzipiell ablehnt, sich aber durchaus
bewußt bleibt, daß in bestimmten politischen Situationen,
insbesondere bei revolutionären Erhebungen, Gewalt unver-
meidlich ist. In diesem Sinne differenziert er 1919 im
Schlußwort vor Gericht seine grundsätzlich pazifistische
Haltung: »Ich würde mich nicht Revolutionär nennen,
wenn ich sagte, niemals kann es für mich in Frage kommen,
bestehende Zustände mit Gewalt zu ändern. Wir Revolutionäre anerkennen das Recht zur Revolution, wenn wir
einsehen, daß Zustände nach ihren Gesamtbedingungen
nicht mehr zu ertragen, daß sie erstarrt sind. Dann haben
wir das Recht, sie umzustürzen.«[12] *abandon*

Dennoch – so zeigt es das Verhalten der Sonja Irene L. in
*Masse Mensch* – gibt er das ethische Prinzip der Gewaltlosigkeit nicht preis. In diesem Punkt ist der Einfluß von
Landauers Anarchismus-Konzeption stark zu spüren. Toller war mit Landauer der Überzeugung, daß es gefährlich
sei, ein gutes Ziel mit schlechten Mitteln erreichen zu wollen. Entgegen der kommunistischen Auffassung heiligt für
sie nicht der Zweck die Mittel, sondern die Mittel bestim-
men entscheidend die humane Qualität des Ziels, hier die
Art des Sozialismus. Sie glauben nicht daran, daß aus einem
Gewalt planmäßig einsetzenden Klassenkampf eine fried-
liche, freie Gesellschaft hervorgehen kann. Nur die sozialen Impulse sind für Anarchisten und Kommunisten die
gleichen: die bestehende kapitalistische Gesellschaftsordnung zu beseitigen, Krieg und Ausbeutung zu beenden, Freiheit und Gleichheit unter den Menschen zu schaffen; die
Differenzen in ihrer Ethik politischen Handelns sind so
grundlegend, daß schon die ersten Ansätze einer gemein-
samen revolutionären Praxis zur endgültigen Trennung
der Wege führten.

Toller hat in *Masse Mensch* die in der bayrischen Revolution
und Räterepublik aufgebrochenen Gegensätze zwischen

12 Toller, »Eine Jugend in Deutschland«, S. 152.

Forderungen der Masse (die ihr allerdings erst – hier durch den Namenlosen – als ihre eigenen Vorstellungen suggeriert werden müssen) und dem Gewissen des Einzelnen als dramatische Dialektik nicht nur *zwischen*, sondern auch *in* den Handelnden gestaltet:

> »Alles Geschehen löste sich auf in äußeres und inneres Geschehen, die beide gleich wichtig, als bewegende Kräfte gleich stark waren. [...] Nur wenige erkannten, daß der Kampf zwischen Individuum und Masse sich nicht nur draußen abspielt, daß jeder in seinem Innern Individuum und Masse zugleich ist. Als Individuum handelt er nach der als Recht erkannten moralischen Idee. *Ihr* will er leben, und wenn die Welt dabei untergeht. Als Masse wird er getrieben von sozialen Impulsen und Situationen, das *Ziel* will er erreichen, auch wenn er die moralische Idee aufgeben muß. Dieser Widerspruch ist heute noch für den politisch Handelnden unlöslich, und gerade seine Unlöslichkeit wollte ich zeigen.«[13]

Diese Unauflösbarkeit des Konflikts zwischen dem Namenlosen und der Frau, die beide die Führung der Massen, d. h. ein historisches und moralisches Recht auf Revolution, beanspruchen, charakterisiert die politische Situation während der Rätezeit in Bayern. Tollers *Masse Mensch* zeigt die Entwicklung der revolutionären Bewegung 1918/19, die von wenigen Intellektuellen, für die Sonja Irene L. hier stellvertretend auftritt, als unbedingte politische Notwendigkeit in die Massen hineingetragen wurde. In ihrer Gestalt kommt Landauers Idee zur Geltung, daß am Ende eines revolutionären Prozesses nur soviel Humanität übrigbleibt, wie in ihm praktiziert wurde, denn: »Nur die Gegenwart ist wirklich, und was die Menschen nicht jetzt tun, nicht sofort zu tun beginnen, das tun sie in alle Ewigkeit nicht.«[14] In Landauers *Aufruf zum Sozialismus* hieß es: »Für uns

13 Ernst Toller, *Quer durch. Reisebilder und Reden*, Berlin 1930, S. 280, 282.
14 Gustav Landauer, *Aufruf zum Sozialismus*, hrsg. von Heinz Joachim Heydorn, Frankfurt a. M. / Wien 1967, S. 185.

besteht die Menschengeschichte nicht aus anonymen Prozessen und nicht bloß aus der Häufung vieler kleiner Massengeschehnisse und Massenunterlassungen; für uns sind die Träger der Geschichte Personen, und für uns gibt es auch Schuldige.«[15]

Dem Autor von *Masse Mensch* geht es nicht darum, eine sozialistische Utopie als politischen Anreiz zur gesellschaftlichen Veränderung zu entwerfen, ihm geht es vielmehr darum, diese Idee schon in ihrer ersten Bewährungsprobe, in der harten Wirklichkeit des revolutionären Kampfes auf ihren Gehalt und ihre Tragfähigkeit zu befragen – aus der skeptischen Einsicht heraus, daß nicht nur die politische Niederlage, sondern auch der politische Sieg den Tod einer Idee bedeuten kann.

Sonja Irene L. steht zwischen zwei politischen Prinzipien, dem konservativen der bestehenden kapitalistischen Ordnung, dessen Repräsentant der Mann ist, und dem revolutionären einer kommunistischen Gewaltstrategie, vertreten durch den Namenlosen. Sie muß sich mit beiden auseinandersetzen und lehnt beide als den Zwang institutionalisierende Staatsideologien ab. »Du führst«, sagt sie zum Namenlosen, »in seltsam neues Land, / Ins Land der alten Menschensklaverei.«[16] Sie setzt ihnen ihr Prinzip der Gewaltlosigkeit, der freien Selbstbestimmung jedes einzelnen entgegen, wird aber zwischen den beiden machtpolitischen Positionen zerrieben. Die unerfahrene, revolutionär gestimmte Masse begünstigt diese, und nicht eine auch in der revolutionären Praxis auf Humanität gegründete politische Umwälzung. Das Fehlen eines auf Erfahrungswerten beruhenden politischen Instrumentariums zur Organisation der neuen Gesellschaftsordnung erklärt freilich auch das Scheitern dieses Prinzips.

Tollers Ablehnung beider Positionen wird in eindringlicher Weise in der dritten Auseinandersetzung zwischen der Frau und dem Namenlosen im 7. Bild begründet. Durch die bru-

15 Landauer, *Aufruf zum Sozialismus*, S. 94.
16 S. 49.

tale Anwendung von Gewalt – wenn auch für jeweils andere Zwecke – sind Kapitalismus und Kommunismus gleich verabscheuungswürdig und der Verwirklichung des wahren Sozialismus – dem friedlichen Zusammenleben der Menschen in Freiheit[17] – gleich fern:

>Ihr mordet für die Menschheit, / Wie sie Verblendete für ihren Staat gemordet. / Und einige glaubten gar / Durch ihren Staat, ihr Vaterland, / Die Erde zu erlösen. / Ich sehe keine Unterscheidung: / Die einen morden für ein Land, / Die andern für die Länder alle. / Die einen morden für tausend Menschen, / Die andern für Millionen. / Wer für den Staat gemordet, / Nennt Ihr Henker. / Wer für die Menschheit mordet, / Den bekränzt ihr, nennt ihn gütig, / Sittlich, edel, groß. / Ja, sprecht von guter, heiliger Gewalt.«[18]

Auch diese Gleichsetzung von Kapitalismus und Kommunismus in bestimmten Punkten (der Anwendung von Gewalt, der Mißachtung des Rechts auf Individualität) läßt sich auf Landauers Einfluß zurückführen. Landauer betrachtet den Kapitalismus als Periode des Verfalls schlechthin und lehnt in seiner Auseinandersetzung mit dem Marxismus nicht nur die These scharf ab, der Sozialismus entstehe »auf dem Wege der Weiterentwicklung des Kapitalismus« und »durch den Produzentenkampf innerhalb des Kapitalismus«;[19] er behauptet sogar, daß »dieser Kampf der Arbeiter in ihrer Rolle als Produzenten« (»Den Arbeitern gehören die Fabriken!«[20]) nichts als ein »Drehen im Kreis des Kapitalismus« bedeute:

>Der Marxismus ist einer der Faktoren und kein unwesentlicher, die den kapitalistischen Zustand erhalten, festigen und in seinen Wirkungen auf den Geist der Völker immer trostloser machen.«[21]

17 Vgl. S. 49 f.
18 S. 48 f.
19 Landauer, *Aufruf zum Sozialismus*, S. 137.
20 S. 24.
21 Landauer, *Aufruf zum Sozialismus*, S. 137.

Landauers Einfluß ist jedoch begrenzt. Es trifft nicht zu, wie gelegentlich behauptet wurde, der Toller der frühen zwanziger Jahre rede einer »Reagrarisierung« der modernen Gesellschaft das Wort und sei ein Kritiker des Kapitalismus nur insofern, als er aus einer kleinbürgerlich motivierten Ablehnung des wissenschaftlichen Sozialismus heraus die industrielle Revolution verneine und an ihrer Stelle, von Landauers Programm eines »Sozialismus aus ethischen Gründen und mit anarchistischer Prägung« ausgehend, den verhängnisvollen »Geist der Gemeinde« fordere, »der dem erneuten Zugriff der alten Macht hilflos ausgeliefert« sei.[22] Dem widersprechen schon die Worte der Frau im 3. Bild: »Wir leben zwanzigstes Jahrhundert. / [...] Fabrik ist nicht mehr zu zerstören. / Nehmt Dynamit der ganzen Erde, / Laßt eine Nacht der Tat Fabriken sprengen, / Im nächsten Frühjahr wärn sie auferstanden / Und lebten grausamer als je. / Fabriken dürfen nicht mehr Herr, / Und Menschen Mittel sein. / Fabrik seï Diener würdigen Lebens! / Seele des Menschen bezwinge Fabrik!«[23] Und ihre Aufforderung, die Einstellung zur Fabrik, zur Maschine zu ändern, sich ihrer zu bedienen, statt sich von ihr ausbeuten zu lassen, gipfelt in einem Aufruf zum Streik und keineswegs in dem Aufruf »Zurück aufs Land!«[24]

*Masse Mensch* ist die Tragödie einer Revolutionärin, die die Berechtigung des Kampfes der Unterdrückten anerkennt und aus Überzeugung unterstützt, die ethischen und machtpolitischen Aspekte einer gesellschaftlichen Umwälzung jedoch nicht zur Deckung zu bringen weiß. Die sozialistische Idee – als Überzeugung von der Veränderbarkeit der menschlichen Verhältnisse – hebt für Toller die Erfahrung des Tragischen nicht auf:

22 Alfred Klein, »Zwei Dramatiker in der Entscheidung«, in: *Sinn und Form* 10 (1958) S. 710.
23 S. 21.
24 Vgl. zu dieser Frage auch Tollers nächstes Drama *Die Maschinenstürmer* und seinen »Brief an Gustav Landauer«, in: *Schöpferische Konfessionen*, hrsg. von Kasimir Edschmid, Berlin 1920, S. 42–45.

»Wer heute auf der Ebene der Politik, im Miteinander ökonomischer und menschlicher Interessen, kämpfen will, muß klar wissen, daß Gesetz und Folgen seines Kampfes von anderen Mächten bestimmt werden als seinen guten Absichten, daß ihm oft Art der Wehr und Gegenwehr aufgezwungen werden, die er als tragisch empfinden muß, an denen er, im tiefen Sinn des Wortes, verbluten kann.«[25]

In Tollers Sicht ist die Frau schuldig und unschuldig zugleich. Schuldig ist sie vor sich selbst, weil sie von ihrem ethischen Standpunkt aus die

»gewaltsame Auseinandersetzung als tragischen Mißbrauch des Menschheitsziels beurteilen muß. Sie ist unschuldig, weil ein gnadenloses Gesetz die Not der Masse nur auf diese Weise aus der Welt schaffen kann.«[26]

Tragik und tragische Schuld sind dadurch gegeben, daß die Frau verfrüht ihren Zukunftsglauben an eine gewandelte Menschheit zu verwirklichen sucht und daß sie dabei, notgedrungen, aus einem Zugeständnis an den geschichtlichen Moment, dem revolutionären Zwang unterliegt und dem gewaltsamen Vorgehen zustimmt. Ihr innerer Konflikt ist keine bloß subjektive Reaktion, sondern in der antithetischen Struktur der Revolution selbst begründet; sie basiert auf Liebe und Haß zugleich: »Da die Tugend den Schrekken in den Dienst nehmen muß, verkehrt sie sich notwendig in ihr Gegenteil.«[27] Die Frau erkennt den »tragischen Gegensatz zwischen Absicht und Wirklichkeit«,[28] aber erst nachdem sie unlösbar in ihn verstrickt ist.

Tollers tragische Erfahrung, daß der Mensch gerade im Emanzipationskampf unter der Herrschaft »anderer Mächte«, unter dem Zwang des »Muß« steht,[29] erinnert an Büch-

---

25 Toller, »Eine Jugend in Deutschland«, S. 118.
26 Klein, »Zwei Dramatiker in der Entscheidung«, S. 708.
27 Peter Szondi, *Versuch über das Tragische*, Frankfurt a. M. ²1964, S. 104.
28 Szondi, *Versuch über das Tragische*, S. 104.
29 S. 43.

ners Sicht, der sich allein durch das *Studium* der Geschichte
der Revolution »unter dem gräßlichen Fatalismus der Geschichte« wie »zernichtet« fühlte:

> »Das *Muß* ist eins von den Verdammungsworten, womit
> der Mensch getauft worden. Der Ausspruch: es muß ja
> Ärgernis kommen, aber wehe dem, durch den es kommt
> – ist schauderhaft. Was ist das, was in uns lügt, mordet,
> stiehlt?«[30]

Es ist sicher kein Zufall, daß Toller, der den »gräßlichen
Fatalismus der Geschichte« als aktiver Revolutionär zu
spüren bekommen hatte, 1922 *Bilder aus der Großen Fran-
zösischen Revolution* entworfen hat, in deren Schlußbild
der radikale Robespierre auf den »gemäßigten« Danton
stößt.[31] Der Vergleich der beiden Revolutionen lag nahe.
Ein Vergleich zwischen Büchners *Dantons Tod* und Tollers
*Masse Mensch* ist in mancher Hinsicht aufschlußreich. Beide
Stücke setzen sich mit der Frage nach der Notwendigkeit
des Revolutionsterrors auseinander. Büchners Danton wen-
det sich von ihm ab, weil das Guillotinieren nicht die sozialen Probleme der Revolution lösen kann. Solange die Not
des Volkes durch die Gewalt nicht gelindert, sein Hunger
nicht gestillt werden kann, ist Robespierres Revolutions-
tribunal sinnlos, ja selbst ein Symptom des Übels, gegen
das es mit unerbittlicher Strenge vorgeht: »Die Revolution, die am Anfang vernichtet hat, um helfen zu können,
vernichtet schließlich, weil sie nicht helfen kann.«[32]
Büchners Kritik trifft eine Revolution, die die sozialen
Mißstände, aus denen sie entstanden ist, nicht beseitigen
kann, sondern nur noch schärfer hervortreten läßt.[33] Nicht
ethische Grundsätze an sich quälen Dantons Gewissen.
Denn erst als sich der Revolutionsterror verselbständigt, er-

30 Georg Büchner, *Werke und Briefe*, hrsg. von Fritz Bergemann,
Wiesbaden 1958, S. 374.
31 Vgl. dazu auch Klein, »Zwei Dramatiker in der Entscheidung«,
S. 709.
32 Szondi, *Versuch über das Tragische*, S. 104.
33 Vgl. Klein, »Zwei Dramatiker in der Entscheidung«, S. 709.

scheint ihm die Notwendigkeit der Septembermorde frag-
würdig.

Tollers Kritik setzt früher ein, sie stellt das Gelingen einer
Revolution nicht erst in Frage, wenn sich die Anwendung
von Gewalt als sinnlos erwiesen hat. Toller zweifelt – von
seinem anarchistischen Humanismus ausgehend – am Sinn
einer gewaltsamen Revolution, weil Terror als Methode
das Ziel einer freien Menschengemeinschaft gefährdet.

Es hieße jedoch Tollers Intention in einem entscheidenden
Punkt verkennen, wenn man behauptete, er gestalte in
*Masse Mensch* »ewige« Gegensätze und der politische Bezug sei damit nur noch thematisch gegeben.[34] Der Wider-
spruch zwischen ethischem und politischem Handeln, aus-
gedrückt im Verhältnis von Mensch und Masse, ist für Toller ein historischer, der besteht – und zum tragischen Zwiespalt für den politisch Tätigen wird –, solange sich nicht
im Bewußtsein der Menschen eine, dem gesellschaftlichen
Umbruch entsprechende Umwälzung vollzogen hat, die
vor allem auch ein Umdenken in bezug auf Machtverhält-
nisse und Machtausübung voraussetzt, solange also der Prozeß der Wandlung abläuft. Wenn Toller schreibt, der Wi-
derspruch von revolutionärer Absicht und revolutionärer
Praxis sei »heute noch [...] unlöslich«, so bezieht er genau
wie die Marxisten einen historischen Standpunkt; er ist wie
sie überzeugt, daß die Welt veränderbar sei und verändert
werden müsse, nur nähern sie sich diesem Ziel unter umge-
kehrten Vorzeichen: Voraussetzung für die Veränderung
der Gesellschaft ist für Toller die Veränderung des Menschen,[35] während die Marxisten glauben, daß die Veränderung der Gesellschaft erst die Voraussetzung für die Veränderung des Menschen schaffe. Tollers Stück bietet gewiß
keine Lösung dieses Problems an, aber die Fragen, die es
stellt und die es wachhält, werden ihre Legitimität und

34 So auch Ludwig Marcuse in *Mein zwanzigstes Jahrhundert*, München
1960, S. 72.
35 Toller ist auch in diesem Punkt Landauer und dessen Marxismuskritik
verpflichtet.

Aktualität behalten, solange die Geschichte beide Auffassungen noch nicht aus dem Stand der Utopie erlöst hat.[36]

*Masse Mensch* kann mit der gleichen Berechtigung wie Tollers Erstlingswerk *Die Wandlung* ein autobiographisches Stück genannt werden. Seine eigenen Erlebnisse bis hin zu den berüchtigten Geiselmorden,[37] seiner kurzfristigen Verhaftung durch Leviné und seiner Verurteilung wegen Hochverrats nach dem Zusammenbruch der Räterepublik sind hier in einer deutlich erkennbaren Doppelfunktion der Befreiung von eigenen seelischen Kämpfen und der Motivierung des inneren Konflikts seiner Hauptgestalt verarbeitet. Eine schlichte Identifizierung Tollers mit Sonja Irene L. ist allerdings schon deshalb unzulässig, weil – wie wir aus Tollers Autobiographie wissen – das Vorbild dieser Frau, Sonja Lerch, verheiratet mit einem Münchner Professor, wirklich gelebt hat, an den Vorbereitungen des Munitionsarbeiterstreiks beteiligt war, von ihrem Mann denunziert wurde und sich in der Haft erhängte.[38] Daß Toller sie zur Protagonistin von *Masse Mensch* macht, kann als erster Versuch der formalen Distanzierung von seinem ihn seelisch erdrückenden Stoff betrachtet werden, bei dem sicher auch pragmatische Gründe, Überlegungen zur dramaturgischen Gestaltung, eine Rolle spielten. Toller hat eine Frau, die er aus seiner Arbeit als Revolutionär kannte, als Hauptgestalt genommen, weil ihm wohl – nach der traditionellen Rollenverteilung – eine Frau als Vertreterin der gewaltlosen Revolution anarchistischer Prägung unter dem Aspekt der Publikumswirkung überzeugender schien. Die historische Belegbarkeit dieser Figur ist von sekundärer Bedeutung, was auch schon in der symbolischen Erweiterung ihres Namens zu Sonja *Irene* L. zum Ausdruck kommt. Überhaupt ist das Dokumentarische, das dem Drama zwei-

---

36 Eine analoge Problemkonstellation mit abweichender Wertung liegt Brechts *Maßnahme* von 1930 zugrunde.
37 Vgl. S. 35 und Toller, »Eine Jugend in Deutschland«, S. 131–133.
38 Vgl. Toller, »Eine Jugend in Deutschland«, S. 83 f.

fellos zugrunde liegt, noch nicht wie später in *Feuer aus den Kesseln* (1930) formgebendes Element.

Toller selbst hielt seinen »Distanzierungsversuch« 1921, zwei Jahre nach der ersten Niederschrift des Stückes also, für noch nicht ganz gelungen:

> »Ich stehe dem Drama *Masse-Mensch* heute kritisch gegenüber, ich habe die Bedingtheit der Form erkannt, die herrührt von einer trotz allem! inneren Gehemmtheit jener Tage, einer menschlichen Scham, die künstlerischer Formung persönlichen Erlebens, nackter Konfession, scheu auswich, und die doch nicht den Willen zu reiner künstlerischer Objektivation aufbringen konnte. Das Ungeheure der Revolutionstage war nicht seelisches *Bild* der Revolutionstage geworden, es war irgendwie noch schmerzendes, qualvolles ›Seelen*element*‹, Seelen-›*Chaos*‹.«[39]

Die von ihm angestrebte historische Objektivität wird in *Masse Mensch* – gewissermaßen in Kompensation seiner Sprachlosigkeit vor der »Fülle des Tatsächlichen«[40] – immer wieder durch ein Zuviel an Sprache zugedeckt: durch einen pathetischen Lyrismus, der zuweilen ins Verschwommene oder Triviale ableitet, wenn eine gespreizte Metaphorik etwa von dieser Art bemüht wird: »Gemeinschaft pflanzt die Wälder der Gerechtigkeit.«[41] Auch im Scheitern der sprachlichen Gestaltung bleibt jedoch die Intention sichtbar: Toller sucht im harten Gegeneinander von ekstatischen Bildballungen und argumentierender Diskursivität eine sprachliche Entsprechung zum dialektischen Aufbau seines Dramas, das eine Vereinigung der im Kaiserschen Denkspiel und im Strindbergschen Traumspiel repräsentierten Grundtypen des expressionistischen Dramas anstrebt.[42]

Die Spannung, die aus dem dialektisch geführten Dialog

39 Ernst Toller, »Brief an einen schöpferischen Mittler«, in der vorliegenden Ausgabe S. 54.

40 Toller, *Quer durch*, S. 281.

41 S. 36.

42 Vgl. Walter Sokel, »Ernst Toller«, in: *Deutsche Literatur im 20. Jahrhundert*, hrsg. von Hermann Friedmann und Otto Mann, Bd. 2: *Gestalten*, Heidelberg 1961, S. 290.

entsteht, wird durch den systematischen Wechsel zwischen Traumbild und Realbild erhöht und durch die Komprimiertheit der Traumbildgestaltung noch gesteigert.[43] Tollers zwischen Realbildern und Traumbildern teils alternierende, teils sie überblendende Dramaturgie trägt epische Züge, aber die »szenischen Kommentare« der Traumbilder sind Teil einer künstlerischen Technik des »Fragwürdigmachens« realer Gegebenheiten, die genau gegenläufig zur materialistischen Intention des später von Brecht entwickelten Verfremdungseffekts funktioniert:

> »Als Politiker handle ich, als ob die Menschen als einzelne, als Gruppen, als Funktionsträger, als Machtexponenten, als Wirtschaftsexponenten, als ob irgend welche Sachverhältnisse reale Gegebenheiten wären. Als Künstler schaue ich diese ›realen Gegebenheiten‹ in ihrer großen Fragwürdigkeit.«[44]

Neben den episch-verfremdenden Tendenzen der Traumbildtechnik sind Rückgriffe auf die Form der griechischen Tragödie unübersehbar. Schon der szenisch-bildhafte Kommentar der Traumszenen entspricht der Funktion des Chors im antiken Drama, der allerdings nicht visionär-indirekt, sondern verbal-direkt »die Handlung begleitet und erläutert«.[45] Aber auch Realbilder wie das dritte sind in sich chorisch gestaltet, d. h., die Massen werden als Chöre ins dramatische Geschehen integriert.[46]

Der Rückgriff auf das antike Drama geht dabei über eine rein formale Anlehnung hinaus. Er erlaubte es Toller, auch

---

43 Vgl. S. 13–19 und 40–44.
44 Toller, »Brief an einen schöpferischen Mittler«, in der vorliegenden Ausgabe S. 53.
45 Sokel, »Ernst Toller«, S. 296.
46 Als Protagonistin tritt die Frau mit ihrem Aufruf zum Streik vor die als Chöre fungierenden Gruppen der Arbeiter. Mit dem Auftreten des Antagonisten – des Namenlosen –, der für sich die Funktion des Vertreters der Masse in Anspruch nimmt, werden die »Chöre« wieder überflüssig. Toller verdeutlicht diesen Funktionswechsel, indem er sie jetzt als »Masse« bezeichnet, zwischen den einzelnen Gruppen nicht mehr differenziert und ihnen keine Stimme mehr gibt, außer zur stumpfsinnigen Wiederholung von Parolen. Vgl. S. 20–26.

eine inhaltliche Beziehung zu der Auffassung des Schicksals
als einer den Einzelnen und die Masse bestimmenden Macht
in der antiken Tragödie herzustellen. Dieses Schicksal ist
bei Toller allerdings nicht mehr metaphysisch, als göttliches
Verhängnis, aufgefaßt, sondern gesellschaftlich-ökonomisch,
als Verselbständigung der von Kapitalismus und Technik
geschaffenen komplexen Systeme. Für die Arbeiterschaft,
die Massen, sind die ökonomischen und gesellschaftlichen
Zusammenhänge ebenso undurchschaubar wie für den antiken Menschen das Fatum: »Wir ewig eingekeilt / In Schluchten steiler Häuser. / Wir preisgegeben / Der Mechanik höhnischer Systeme. / Wir antlitzlos in Nacht der Tränen. /
[...] Wann wird Erlösung uns?«[47]
Die Undurchschaubarkeit dieses »Verhängnisses« läßt außer
Fatalismus und vager Erlösungshoffnung nur ein ohnmäch-
tiges Revoltieren der Massen aufkommen, das sich nicht gegen die gesellschaftlichen Ursachen, sondern gegen die un-
mittelbar erfahrbaren Erscheinungsformen der Entfremdung
und des Zwangs richtet:
»In die Maschinen Dynamit. / Und morgen fetzen die
Fabriken in die Luft. / Maschinen pressen uns wie Vieh
in Schlachthaus, / Maschinen klemmen uns in Schraubstock, / Maschinen hämmern unsre Leiber Tag für Tag /
Zu Nieten ... Schrauben ... / [...] Dörren unsre Augen,
lassen Hände uns verwesen / Bei lebendigem Leibe ... /
Nieder die Fabriken, nieder die Maschinen!«[48]
Der Unterschied zum antiken Schicksalsbegriff liegt darin,
daß mit der Erkenntnis der ökonomisch-gesellschaftlichen
Ursachen des »Schicksals« eine Veränderung durch mensch-
liches Eingreifen grundsätzlich denkbar geworden ist, daß
die Zwänge nicht mehr göttlichen, sondern menschlichen
Ursprungs sind. Für die wenigen, die das bereits erkannt und
politische Konsequenzen daraus gezogen haben (die Frau,
der Namenlose), stellt sich damit die Frage nach der Legi-

47  S. 20.
48  S. 20.

timität revolutionärer Gewalt von Menschen gegen Menschen. Für die Frau erneuert sich auf dieser politisch-ethischen Ebene das Problem individueller Verantwortung und tragischer Verstrickung. Das Denken des Namenlosen schließt aufgrund einer dogmatisch fixierten Perspektive, in der revolutionäre Gewalt nicht als Problem, sondern als notwendige Voraussetzung politischen Handelns erscheint, die Erfahrung eines tragischen Konflikts von vornherein aus.

Toller hat die antike, metaphysisch bestimmte Schicksalsauffassung also nur partiell, unter funktionalen Gesichtspunkten übernommen: um zu zeigen, daß die Entwicklung des Bewußtseins der Massen mit der technischen Entwicklung nicht Schritt gehalten hat und daß das dumpf resignierende oder chaotisch-revoltierende Verhalten gegenüber den schwer durchschaubaren Zwangsmechanismen der modernen Gesellschaft regressive Züge trägt, die den mythischen Bindungen in der archaischen Welt der antiken Tragödie entsprechen.

Es ist allerdings nicht zu leugnen, daß gedankliche Konzeption und sprachliche Realisation in *Masse Mensch* nicht immer überzeugend zur Deckung gebracht sind. Antikisierend-tragödienhafter und moderner Sprachgestus sind zu unpräzise ausgearbeitet, fließen zu sehr ineinander, um der Spannung zwischen archaischer und gegenwärtiger gesellschaftlicher Problematik, zwischen dem Pathos mythischer Schicksalsgebundenheit und der Prosa kritisch-zeitgenössischer Wirklichkeitserfahrung angemessenen Ausdruck verleihen zu können.

Der historische Konflikt und die gesellschaftlichen Antagonismen, die das Drama darstellt, setzen sich nur stellenweise in eine sprachliche Dynamik um, die auf der Höhe der gedanklichen Problemstellung bliebe. Tollers intellektuelles und emotionales Engagement entlädt sich allzuoft in einer übersteigerten und zugleich antiquierten Rhetorik, die beim heutigen Leser eher den Effekt der Befremdung als den der Verfremdung erzeugt und die aufklärerische

Intention des Dramas zu verzerren droht. *Masse Mensch* stellt das Paradoxon eines Stückes dar, dessen brennende politische Aktualität sich nicht mehr spontan, sondern nur noch auf dem Wege der historischen Analyse erschließt.

*Rosemarie Altenhofer*

# Literatur des Expressionismus

in Reclams Universal-Bibliothek

---

Ernst Barlach: *Der arme Vetter*. Drama. Nachwort von Walter Muschg. 8218

Gottfried Benn: *Gehirne*. Novellen. Textkritisch herausgegeben von Jürgen Fackert. 9750

Theodor Däubler: *Gedichte*. Auswahl und Nachwort von Werner Helwig. 8933

Kasimir Edschmid: *Die sechs Mündungen*. Novellen. Nachwort von Kurt Pinthus. 8774 [2]

*Einakter und kleine Dramen des Expressionismus*. Herausgegeben von Horst Denkler. 8562 [3]

*Gedichte des Expressionismus*. Herausgegeben von Dietrich Bode. 8726 [3]

Reinhard Goering: *Seeschlacht*. Tragödie. Nachwort von Otto F. Best. 9357

Yvan Goll: *Ausgewählte Gedichte*. Herausgegeben und eingeleitet von Georges Schlocker. 8671

Georg Heym: *Dichtungen* (Gedichte. Der fünfte Oktober. Eine Fratze. Der Wahnsinn des Herostrat. Aus den Tagebüchern und Traumaufzeichnungen). Auswahl und Nachwort von Walter Schmähling. 8903

Georg Kaiser: *Von morgens bis mitternachts*. Stück in zwei Teilen. Fassung letzter Hand. Mit einem Nachwort herausgegeben von Walther Huder. 8937 – dazu *Erläuterungen und Dokumente*. 8131 [2]

Else Lasker-Schüler: *Die Wupper*. Schauspiel. Dokumente zur Entstehungs- und Wirkungsgeschichte und Nachwort von Fritz Martini. 9852 [2]

Alfred Mombert: *Gedichte*. Auswahl und Nachwort von Elisabeth Höpker-Herberg. 8760

*Prosa des Expressionismus*. Herausgegeben von Fritz Martini. 8379 [4]

Ernst Stadler: *Der Aufbruch und ausgewählte Gedichte*. Auswahl und Nachwort von Heinz Rölleke. 8528

Carl Sternheim: *Tabula rasa*. Schauspiel. Nachwort von Ernst Schürer. 9907

August Stramm: *Dramen und Gedichte*. Auswahl und Nachwort von René Radrizzani. 9929

*Theorie des Expressionismus*. Herausgegeben von Otto F. Best. 9817 [3]

---

# Philipp Reclam jun. Stuttgart

# TOLLER

Ernst Toller. Gesammelte Werke.
Fünf Textbände in Kassette.

Band 1: Einleitung zur Ausgabe.
Kritische Schriften. Reden
und Reportagen.

Band 2: Dramen und Gedichte aus
dem Gefängnis (1918 bis 1924).

Band 3: Politisches Theater und
Dramen im Exil (1927 bis 1939).

Band 4: Eine Jugend in Deutschland.

Band 5: Briefe aus dem Gefängnis.

Band 6: »Der Fall Toller«.
Kommentar und Materialien.

Carl Hanser Verlag
Kolbergerstraße 22

8000 München 80,